JN124388

ウィズコロナ時代の
就業規則の
つくり方マニュアル

弁護士 久保内 統 （著）
淺尾 弘一

労働調査会

ま　え　が　き

　2020年1月15日に国内で初の新型コロナウイルス感染者が確認されてから1年半以上が経ちました。2020年4月7日をはじめに、2021年1月7日に第2回、4月25日に第3回、そして7月12日には第4回と緊急事態宣言も出ました。東京オリンピック・パラリンピックも1年延期のうえに無観客という異例の開催になりました。世界規模での蔓延は我が国の経済にも大きな影響を及ぼしています。これまでの感染者数168万28人、死亡者数1万7250人（2021年9月20日現在）という未曾有の惨事は未だに収束の見通しもたっていません。

　蔓延当初は未知のウイルスへの恐怖・警戒から、経済活動を止めてでも、まずなにより生命の安全を図りました。しかしワクチン接種が進んでも感染力がさらに強いデルタ株の第5波により、2021年8月の僅か1カ月で感染者数が約50万人増と感染は加速度的に拡大しています。この状況の中で、企業はコロナウイルスと対峙しながら経済活動を推進して方策を真剣に検討しなければならなくなっています。

　コロナ禍では、働き方改革の柱の一つであった（のになかなか広まらなかった）テレワーク勤務が一気に導入・拡大され、行政手続の象徴ともいえる判子の全廃（これも2018年には見直しの方針が定まっていたが停滞していた）を政府も決めるなど、これまでの就業環境を大きく変える流れが現実化してきました。コロナウイルスの収束まではまだ数年かかるともいわれています。在宅テレワーク勤務やマイカー通勤などの施策も非常事態下の臨時的なものではなく、きちんとした制度として確立することが必要になります。むしろ副作用の効能と捉えて、持続可能な経営のために、在宅テレワーク勤務、兼業・副業、マイカー通勤の導入・推進や、諸手当の見直し、そして従業員の生活保障などを制度的に確立するべき時代になったと前向きに考えるべきでしょう。

　本書は『先見労務管理』（2020年10月25日号・11月25日号）に掲載した「ウィズコロナ時代の就業規則」に最新情報を盛り込み、大幅かつ全面的な加筆をして書籍にまとめたものです。コロナ禍（そしてコロナ後）の就業環境に見合った就業規則等諸規程をどのようにすべきか説明しています。イメージをつかめる

ようにまず就業規則等の規定例を掲載し、何に注意をすれば良いのかを具体的に説明してみました。そして注釈ではさらに深い解説や参考事例も記載しています。いずれも企業労務の現場で必要になる実践的な内容にしています。巻末には、厚労省のモデル就業規則、テレワークモデル就業規則にこれらの規定例を盛り込んだものを掲載し、ダウンロードして活用できるようにしております。

　ウィズコロナ時代の就業規則の改定の参考として、皆さまの企業労務の現場でも役立つことを願っております。

著者　久保内　統（弁護士）

淺尾　弘一（弁護士）

CONTENTS

モデル就業規則 ————————————— 143

テレワークモデル就業規則 ————— 181

第1部
就業規則変更にあたっての注意点

> 　コロナ禍からコロナ後へ向けて、就業の在り方も変わってきています。在宅テレワークの導入やそれに合わせた手当の変更など、従業員の雇用条件の変更は就業規則（賃金規定などを含む）を変更することで実施する必要があります。
>
> 　事業場の全従業員に対する統一的な労働条件を定める就業規則は、変更に反対する従業員にもその効力が及ぼさなければ雇用関係の規律は図れません。ただし、従業員にとって不利益となる変更の場合には注意が必要です。

1　就業規則の役割

　就業規則は、使用者（企業など）が事業場における労働条件や服務規律等を定めたものをいいます。基本的な労働条件および服務規律を統一的な基準として定めるもので『職場の憲法』とも呼ばれます。

　就業規則に規定されている労働条件が合理性を有する限りにおいて、労働条件は就業規則によるとする事実たる慣習が成立しているとして法的規範性があるとされます（最判 昭43.12.25・秋北バス事件）。そのため、適切な就業規則が存在することで以下のような効果があります。

① **人事労務管理の根拠**

　従業員の労務管理は就業規則・雇用契約における取り決めが根拠となります。就業規則に規定している事項が合理性を有している限り、企業が従業員に命ずることができ、従業員はこれを拒否できないことになります。

② **従業員との紛争予防効果（抑止効果）**

　働く上でのルールを明確化するこ

とで、従業員に一定の自律を期待しうる（そのため就業規則は、作成するだけでなく、従業員に周知徹底を図ることが重要になります）。

③　紛争解決時の指針
　　懲戒、不利益変更など様々な紛争発生時の解決の基準ともなりうる。

　就業規則はこのような機能を有するので、企業秩序の維持や従業員の労務管理のためにも、企業は適切な就業規則を策定しておかなければなりません。また、本稿が取り上げる新型コロナウイルス感染症（COVID-19・以下特段の明記がない限り「コロナウイルス」といいます）の影響を受けての就業規則の改定に限らず、頻繁に改正される労働関連法に則したアップデートを怠らないようにすることも大事です。適切な就業規則が設けられていない、アップデートされていなければ、トラブルも起こってしまいます【資料1】。

　なお、使用者と従業員の労働条件の取り決めには、労働協約や労使協定（ex.

残業に関する「三六協定」）もあります。就業規則や労使協定は使用者と（適用対象となる事業場に所属する）全従業員を、労働協約は使用者と労働組合（に所属する全従業員）を一律に規律します。労働協約や労使協定が、使用者と労働組合や従業員代表（または過半数で組織される労働組合の代表者）との間の「合意」であるのに対して、就業規則は使用者が「一方的に」定める規程という違いがあります。そのため、就業規則に定められた取り決めが個々の従業員に対して効力を有するかどうかが争われるケースが出てきます（最判　昭43.12.25・秋北バス事件　1．(2)不利益変更）。

　雇用契約（労働契約）は、使用者と個々の従業員の間の契約（合意）になります。いわゆる正社員の場合には雇用契約書の締結が成されることは少ないですが、いわゆる契約社員の場合には雇用契約書を締結し（あるいは使用者が労働条件通知書を交付し）、賃金や担当する業務内容など、従業員ごとに異なる取り決めを雇用契約において定めることが多いです。

① 必要となる規定の不存在

・解雇したい従業員に対して適用する懲戒事由がない

・守秘義務、競業避止義務が規定されていないために元従業員がライバル企業に転職して顧客の奪取を図っていても手が出せない

・長期間無断欠勤を理由とする当然退職の規定がないため、失踪した社員について、いつまでも会社在籍の状態にしておくほかない

・契約社員（有期雇用）専用の就業規則がないため、明らかに合致しないはずの正社員の就業規則を適用するしかない

② 規定が具体的ではない、不十分であるために適用できない

・「会社に迷惑をかけた場合」など懲戒事由が抽象的すぎるために結果的に懲戒処分が認められない

・試用期間満了時の不良従業員の正社員不採用の根拠がないため、本採用せざるを得なくなった

・ボランティア休暇（震災支援）を奨めたいが自己都合欠勤にせざるを得ない

・契約社員には正社員の就業規則を「準用する」としているが、就労形態が違う正社員の就業規則には対応する規定が設けられていない

③ 規定を変更した場合の不利益変更

2 コロナ禍での就業環境変更の意義

　コロナウイルスの感染拡大は、これまで当たり前と思われていた雇用環境を根底から見直さざるを得なくなる事態を招来しました。

　2020年4月7日に第1回の緊急事態宣言が発令された時期は、突然の営業自粛要請、業務停止・減縮にともなう従業員への補償、感染の疑いが生じた従業員等への対応、事業場における感染予防措置の徹底など、これまでの雇用管理ではとても対応しきれない課題への対処に各企業は追われました。パンデミック（pandemic・感染爆発）時における事業継続計画（Business Continuity Plan：BCP）を構築していたはずの大企業ですら目に見えぬ未知の感染症には太刀打ちできなかったのが現状でした[※1]。

　雇用のルール（就業規則や雇用契約）がどうであるのか、労働関連法のルールがどうなっているのかよりも「まず生命身体の安全確保」のために事実先行で世の中が動きました。雇用される従業員も最低限の生活が確保できるなら休業も止む無し、むしろ感染の危険を冒してまで出勤もしたくない、という感覚でいたといえます。

　しかしながら、その後第2波、第3波とコロナウイルスの感染が続き、2021年4月に3度目の緊急事態宣言が出されるようになると、コロナ禍でも安全な雇用環境の確保をしながら企業活動を推進していくという意識が定着してきました。そのため、当初は「緊急事態だから」の一言でまかり通っていた異例の労務管理も、適切なルールの下で継続的に実施していくことが求められるようになってきています。感染防止のために積極的な推進を標榜されていた在宅テレワークも、緊急措置ではなくルールに基づいた実施が求められるようになってきました[※2]。

　各企業の業種業態によっても、コロナウイルス感染への危険度の高低も取り得るべき感染症対策も異なります。それぞれの企業ごとに最適解を模索するほかありません。事業場（オフィス、店舗等）に出勤させる場合の安全配慮措置はどうするのか、在宅勤務を実施する場合の労務管理はどうすれば良いのか、そしてそれらを労務管理の制度としてどのように構築するのかは、これから先の企業経営においては必須の対応課題だといえます。

　本稿では、新型コロナウイルスの影響でこれまでに現実化してきたトラブルや新たな課題を踏まえ、それを企業の労務管理にどう反映させるべきかを、特に就業規則の変更・見直しという観点でまとめてみます。

注釈

※1：2006年2月には中小企業庁が「中小企業BCP作成運用指針」を公開しています。

※2：労働法は産業革命による工場制機械工業の成立とともに発生したため（我が国では1911年制定の「工場法」がその走りとされる）、大規模工場での集団就労を念頭においており、第3次産業を中心に多様化した現代社会の経済活動には必ずしも対応し切れていません。そのために各企業がテレワークに関する規程を設けるなどの環境整備を図ることが必要になります。

3　就業規則の変更の手続き

　コロナウイルスの影響を踏まえた就業規則の変更をするにあたっては、就業規則変更における一般的な注意事項を理解しておく必要があります。

　いくらコロナウイルス対策のためだといっても、適切な変更と認められなければ、企業と従業員の間の紛争の種を作ることになってしまいます。

　就業規則は使用者が定める事業場における労働条件や服務規律等で、基本的な労働条件および服務規律を統一的な基準として定めるいわば「職場の憲法」とも呼ぶべきものです。就業規則に規定されている労働条件が合理性を有する限りにおいて、労働条件は就業規則によるとする事実たる慣習が成立しているとして法的規範性があるのです。

　従業員の労務管理はすべて就業規則・雇用契約書が根拠となります。働く上でのルールを明確化することで、一定の自律を期待しうることとなり、従業員との紛争予防効果（抑止効果）をもたらしますし、何からの紛争解決時の指針にもなります。

　このような強い規範になるために、就業規則の作成・変更については労働基準法にも厳密な手続規定が設けられており、下記のような手続きを適切に履践する必要があります。

①試案作成 → ②調査 → ③原案作成 → ④労働者の過半数代表者等への提示、説明、意見聴取（労働基準法第第90条第1項）→ ⑤就業規則の決定 → ⑤労基署長への届出（同法第89条）→ ⑥全労働者への周知（同法第106条1項・同法施行規則第52条の2）

　「届出義務」、「意見聴取義務」、「周知義務」のいずかが欠けても就業規則はその効力を有しないことになります（最二小判 平15.10.10・フジ興産事件（エンジニアリングセンター事件））。

　就業規則を変更する場合、たとえその変更内容が合理的で従業員の利益になるものであったとしても、これらの手続を確実に履践することが必要になります。

4 就業規則の不利益変更で気をつけるべきポイント

従業員に対する統一的な労働条件を定めるのが就業規則ですので、適法な変更であれば全ての従業員に対して効力を及ぼさなければ就業規則の目的が達成できません。しかし、自己の意思に反して労働条件が不利益に変更されたとして、個別の従業員が就業規則変更の有効性を争う場合もあります[※1]。

このような「就業規則の不利益変更」の問題については、改正された就業規則条項に合理性があり、改正で不利益を被る従業員との関係において、会社がかような規定を設けたことをもって、信義則違反ないし権利濫用と認めることもできない場合には、当該事業場の従業員は、就業規則の存在および内容を現実に知っていると否とにかかわらず、また、これに対して個別的に同意を与えたかどうかを問わず、当然にその適用を受けるとされます（最判 昭43.12.25・秋北バス事件）。

合理性の有無は個別具体的な判断にならざるを得ませんが、

① 変更の必要性があるか

② 不利益変更回避努力を尽くしたか

③ 代替手段を講ずるなどの措置も取ったか

④ 労働者代表や労働組合等との真摯な協議を実施していたかどうか

という4点を考慮するのが基本だとされています。この基本を踏襲しながらも、これまでの数々の裁判例では、合理性の有無に重点を置いたり、さらに細かな判断要素を掲げたりしながら、事例ごとに個別の判断をしているようにもみえます。従って、就業規則の変更については、過去の先例にとらわれることなく、経営状態、雇用環境、社会経済状況などを総合的に衡量し、不安があれば事前に専門家のアドバイスを受けるなどしておくことが有益だといえます【資料2】。

就業規則の変更があれば即不利益変更となるものではありません[※2]。その変更が①従業員の既得の権利を奪い、②従業員に不利益な労働条件を一方的に課することになる場合に初めて「不利益」変更とされます（東京高裁 平19.10.30・協和出版事件）【資料3】。

※1：「1 就業規則の役割」で述べたように、労働協約、労使協定、雇用契約と異なり、就業規則は使用者が一方的に制定・変更することができるため、個々の従業員においては自分の意に反した変更になることがある。

※2：ワークライフバランスを図るとして、所定残業時間を2時間から1時間に短縮し、これによって残業時間が削減されると、「もっと働いて収入を得たい」従業員にとっては残業分の収入が減少するという不利益変更となる。

資料2 就業規則の不利益変更で気をつけるべきポイント

変更された就業規則の効力をめぐって存在する問題点…

使用者…労働者に対する統一的な労働条件を定めるのが就業規則であり、手続的に適法な変更である以上、反対している従業員に対しても効力を及ぼさなければ就業規則の目的が達成できない

労働者…入社後に自己の意思に反して労働条件の切り下げがなされることが認められると、労働者は不利益変更に対して代替措置を講ずるための選択の余地がない

資料3　判例に見る不利益変更の判断の流れ

秋北バス事件

不利益変更についての初めての判断
「合理性」という要件を求めた

↓

大曲市農協事件

「合理性」の要件の内容を深化させる
⇒ 合理性の有無は、不利益の程度、変更の必要性の高さ、
内容、関連するその他の労働条件の改善状況などを総
合的にみて判断する

↓

第四銀行事件

「合理性」の判断のための具体的な判断基準を定立

> ① 就業規則の変更によって労働者が被る不利益の程度
> ② 使用者側の変更の必要性の内容・程度
> ③ 変更後の就業規則の内容自体の相当性
> ④ 代償措置その他関連する他の労働条件の改善状況
> （⑤ 労働組合等との交渉の経緯）
> ⑥ 他の労働組合又は他の従業員の対応
> ⑦ 同種事項に関する我が国社会における一般的状況等
> を総合考慮して判断

↓

みちのく銀行事件

「合理性」の判断基準を一部修正
⇒ 多数派組合の同意は考慮要素としない（上記⑤）
　※ ただし結論としては不利益変更であって労働者への
拘束力はないと判断した

↓

協和出版事件

「不利益」な変更なのかどうかという前提を問題
⇒ 就業規則の変更があれば即不利益変更であるとはせず、
そもそも「不利益性」があるのかどうかから判断検討
する

> ① 労働者の既得の権利を奪い
> ② 労働者に不利益な労働条件を一方的に課する

ことになる場合に始めて「不利益」変更とされる（東京
高裁 平19.10.30）

第2部
就業環境の変化による就業規則の変更点

chapter

1

就業環境・就業場所の変化

> コロナウイルスの蔓延という災害により、就業環境も大きく変化を強いられることとなりました。当初はいかに感染を予防するかが中心でしたが、3度目の緊急事態宣言が発令された時期（2021年4月）には、コロナ禍においても安定した企業活動を継続するために、もはや特別なことではないという意識が広がってきています。コロナウイルスに限った話ではなく、ワークライフバランスの確立や企業活動の持続性の観点からも共通の認識として、新しい就業環境の構築と継続は必要なものといえます。

1 就業環境の変化

コロナウイルス感染予防のために、人の移動そのものや、人との接触を制限する必要もあり、時差通勤の更なる推進や在宅テレワークの積極的な導入が求められるようになりました。

一度導入された在宅テレワークやマイカー通勤などは、コロナウイルスの影響が収まった以降も、従業員のワークライフバランスを促進する積極的な施策として根付いていくと考えられます。

都市部への人口集中や遠距離通勤という負担の軽減は、企業にとっても事業所物件の縮小化によるランニングコストの

削減効果や、本社機能の効率化に資するなど、企業にとっても利点があるという認識が広まってきています。

また、5G、電子決済（○○Pay）といった社会インフラの整備や脱判子などは、従業員全員が一堂に会して業務に従事しなくても企業活動を推進できるツールとして、技術面からも後押しする補助力にもなります。

コロナ禍以前からも、フレックスタイム制などによる柔軟な就業時間の設定や、一部の業種では在宅テレワークも導入されていたりはしました。しかし今後は、業種や企業の規模いかんに関わらず、伝統的な「集団管理」体制から大きく舵を切る雇用環境の抜本的な制度変更が進む可能性があります[※1]。

注釈

※1：昨今推進されている「持続可能な開発目標（SDGs：Sustainable Development Goals）」においても、目標8において「2030年までに、若者や障害者を含むすべての男性及び女性の、完全かつ生産的な雇用、及び働きがいのある人間らしい仕事、ならびに同一労働同一賃金を達成する」とされており、コロナ禍に関わらず従業員が就労しやすい就業環境を構築することが企業の社会的責務になっている。これを果たさないと「ESG投資」（企業の環境（Environment）・社会（Social）・ガバナンス（Governance）に関する取組も考慮した投資）に適さない企業であるとして、一般投資家だけでなく金融機関からの融資にも支障を来す時代になっている。

2．所属・就業場所

　　従業員の所属する事業場は、大阪支店○○営業部（大阪市阿倍野区○−○大阪ABCビル）とし、就業場所（作業場）は以下において会社が指定した場所とする

(1)　上記営業部事業所

(2)　大阪市内に会社が保有している支店・支所、出張所またはこれらに準ずる事業場所

(3)　(2)(3)の他に、業務上の必要により会社が指定する大阪市内の場所

(4)　会社が認めた場合、従業員の自宅

2　就業場所

　働き方改革などの政府の旗振りによっても日本の就業環境はさほど変わることなく、サービス業も含め、対面による集団的画一的管理が根強く就業環境を支配していました。フレックスタイム・変形労働など労働時間の柔軟化はありましたが、「就業場所」については（事業場外みなし労働などの例外を除けば）いずれも企業のオフィス・店舗等で就業することを前提とした就業になっていました。

　しかし、今後は工場・オフィスという事業所での集団的な就労管理という旧来的な労働法（安全衛生法なども同様）の枠組みでは対応しきれなくなると考えられます。これに伴い、「事業場」の概念もより柔軟に捉えられるように就業規則や労働契約書の記載を変更することが求められてきます。

ポイント▶ 事業場

　「事業場」とは、工場、事務所、店舗等の一定の場所において相関連する組織のもとに継続的に行なわれる作業の一体を言うとされており、主として場所的観念によって決定されます。この事業場ごとに就業規則を定めたり、三六協定を締結して届出をしなければなりません。

　在宅テレワークであったり、サテライトオフィス勤務を導入する場合、どこが事業場なのかを明確にしておく必要があります。従業員の「自宅＝事業場」となっては、とてもではないですが就業規則の制定・届出や、三六協定の締結などの労務管理ができなくなります。特に契約社員などは事業所限定の雇用が基本でしたが、単一のオフィスや店舗のみに限定する取り扱いではなく、「エリア（地域）限定＋在宅」などに切り替えていくことも検討が必要になってくると考えら

れます。そこで、

> 事業場…従業員が所属している部署
> 　　　　で、就業規則制定や三六協
> 　　　　定の締結の場所
> 作業場…従業員が現実に労務にあた
> 　　　　る場所

を明確に区分した記載をしておくことが
必要になってきます。

chapter 2

テレワーク制度導入による注意点

" テレワークは、従業員が情報通信技術を利用して行う事業場外勤務です。コロナウイルスの感染防止策として政府も積極的な推進を求めているものですが、もともとは政府の「働き方改革実行計画」の中でも取り上げられていたものです。

「テレワークの適切な導入及び実施の推進のためのガイドライン」（厚生労働省・令和3年3月25日）が策定されていますので、まずはこれを参考にすることが推奨されます。

テレワーク勤務を緊急時の臨時措置ではなく企業が制度として実施する場合には、適切な就業規則の整備が必要になります。第1部で説明したように、これまでの就業環境を大きく変更する制度といえるため、既存の就業規則に埋め込むよりは、新規に独立した規程を設ける方が勝手も良いかもしれません。厚生労働省が「テレワーク就業規則」のモデルをすでに公開していますので、これをベースに各企業に見合ったものにビルドアップするのが良いです。

規定例 1 テレワーク勤務

第9条 会社は、労働者に対し、業務上その他の事由により必要があると認めるときは、当該労働者の所属事業場における勤務に加え、または当該所属事業場における勤務に代替するものとして、次の各号に定める勤務（以下「テレワーク勤務」という。）を命じることがある。

(1) 労働者の自宅その他自宅に準じる場所（会社指定の場所に限る。）において情報通信機器を利用した業務（以下「在宅勤務」という。）

(2) 会社所有の所属事業場以外の会社専用施設、または会社が契約（指定）している他会社所有の共用施設において情報通信機器を利用した業務

（以下「サテライトオフィス勤務」という。）

　⑶　在宅勤務及びサテライトオフィス勤務以外で、かつ、社外で情報通信
　　機器を利用した業務（以下「モバイル勤務」という。）

２．前項の規定のほか、労働者は、会社が許可した場合には、テレワーク勤
　　務に従事することができる。

３．労働者は、前２項に規定するテレワーク勤務に従事するにあたっては、
　　会社が貸与した情報通信機器等または会社の指定する基準を満たす情報通
　　信機器を用いるものとし、会社の指示に従い、テレワーク勤務に従事する
　　ものとする。

４．テレワーク勤務に関する詳細については、テレワーク勤務細則の定める
　　ところによる。

注）本稿に記載している就業規則の例は、解説用に作成している参考資料となります、実際の就業規則の
　　改正にあたっては、各企業の業態、規模、労務管理体制などの諸事情に合わせて適切な内容にする必要
　　がありますので、本稿掲載の例をそのまま転用することでは適切な就業規則にはならないことに注意く
　　ださい。

1　就業規則の規定

　テレワーク制度は、従業員の就業場所
（作業場所）を事業所外に設定すること
になるため、就業規則においてまずテレ
ワーク勤務の場所に関する規定を定めて
おくことが必要になります。その上で、
「テレワーク勤務規程」などで詳細な定
めを規定するのが良いです【規定例１第
９条第４項】。

　厚生労働省のガイドラインでは、

①　在宅勤務
　　従業員の自宅で業務を行う
②　サテライトオフィス勤務
　　従業員の属するメインのオフィ
　ス以外に設けられたオフィスを利
　用する
③　モバイル勤務
　　ノートパソコンや携帯電話等を
　活用して臨機応変に選択した場所
　で業務を行う

の３種類をテレワークの分類・形態とし
て示しています。

これらの全てを採用することも、一部分のみを導入することも、企業の業務内容や現実の従業員の就業実態に合わせて決めれば構いません。本社と店舗以外に支店や営業所がないという企業においては、サテライトオフィス勤務を定める実益はないかもしれません。しかし、将来的にサテライトオフィスを設けることもあるかもしれません。絶対に導入しないという経営方針があれば別ですが、将来に備えて間口は広く取るという選択もあります。

なお、モバイル勤務については、事業場外労働のある従業員（外回り営業職等）の就業形態として捉え、テレワーク制度とは別枠で取り扱ってもよいかもしれません。

規定例 2　テレワーク実施のための規定（対象者）

（テレワーク勤務の実施）

第3条　従業員は、会社が業務上の必要性に基づいてテレワーク勤務を命じ、または会社の許可を受けることにより、テレワーク勤務に従事するものとする。

（テレワーク勤務の対象者）

第4条　就業規則第9条に規定するテレワーク勤務の対象者の職種及び範囲は、次の各号に定めるテレワーク勤務の態様ごとに、当該各号に定める職種及び範囲の従業員とする。

(1)　在宅勤務（就業規則第9条1項(1)）

　　職種：経営企画部及び営業部を除くすべての部課

　　範囲：総合職、基幹職、特定職、一般職または嘱託の従業員

(2)　サテライトオフィス勤務（就業規則第9条1項(2)）

　　職種：経営企画部、総務部総務グループ及び総務部秘書課を除くすべての部課

　　範囲：総合職、基幹職、特定職、一般職または嘱託の従業員

(3)　モバイル勤務（就業規則第9条1項(3)）

　　職種：営業部

> 範囲：総合職
> 2．前項に該当する対象者のうち、会社が別途定めるテレワーク対象者基準
> 　に合致した個別の従業員に対して会社はテレワーク勤務を命じ、または許
> 　可するものとする。
> 3．前2項の規定にかかわらず、会社が特に認めた従業員については、テレ
> 　ワーク勤務を命じ、または許可することができる。

注）対象者については各企業の業種、営業形態、事業所数、従業員数等によって個別具体的に判断する必
　要性が高いため上記はあくまで例示である。

2　対象従業員・職種等

　テレワーク制度を導入するにしても、全従業員を対象とするのか、特定の業務に従事する従業員を対象とするのか、適用する従業員や職種の範囲を定めておく必要があります。

　よく指摘されていることですが、在宅テレワークにそもそも向かない職種があります。典型的なのはエッセンシャルワーカー（医療・福祉、小売物販、物流、通信、農林水産業、交通機関等の社会生活維持に関わる職種）ですが、製造業や建設業の現場部門のようにリアルに人が動かなければ仕事が成り立たないものもたくさんあります。これに対してSEなどIT事業はもともと在宅テレワークへの親和性が高いと言われています[※1]。

　いわゆる管理部門や事務部門は在宅テレワークに向きやすいといえますが、一概には決まらないものです。当初はWEBでの面談では業務遂行ができないと懸念されていた営業部門についても、企業間に限らず消費者間でもWEBでの商談が進んでいます。

　テレワーク制度の設計にあたっては、各企業によって、テレワーク就業が現実に可能かどうか、そもそもテレワーク就業が必要なのかなど、個別事情を踏まえてよく検討することが重要です。業務分野、営業形態、支店・営業所体制などを踏まえて、自社に適したテレワーク勤務対象者を定めるのが良いです。

ポイント○ 対象者の選定基準

　一般的にはテレワーク勤務の対象とする従業員は

① 所属部署・担当業務

② 職位・職階

③ 通勤時間

④ 育児介護や傷病療養中

⑤ 勤続年数[※2]

などの基準を設けた上で、最終的に企業が個別に判断をするのが良いのではないかと考えられます。

「勤務態度」、「勤務評価」も基準に加えることができるかについては、消極的に解されます。特に、コロナ禍における感染防止などの観点でテレワーク制度を実施する場合には、勤怠条件の善し悪しによって企業の従業員に対する保護施策に違いを設けるという扱いには合理性が見出し難くなります。コロナウイルスの感染防止策としてのテレワーク実施の場合には、使用者の職場安全衛生配慮義務の観点からも、現実に事業所に出勤しなければ業務が遂行できない職種の従業員かどうか、特に安全配慮をすべき従業員かどうか（高齢の家族と同居している等）、以外には適用対象に差異を設ける合理性に乏しいといえます。

ポイント◐ 非正規雇用従業員と テレワーク

これと同様のことは、管理職にはテレワーク勤務を認めないとする扱いや、契約社員（パートタイム・アルバイトも含む）にはテレワーク勤務を認めないという扱いにも当てはまります。特にパートタイム労働者については「パートタイム・有期雇用労働法」が成立し、非正規雇用従業員と正社員の間の不合理な待遇差を設けることは禁止されています[※3]。パートタイム従業員だからという理由だけでテレワーク勤務を認めないという取扱いはこの均等待遇規定にも違反すると考えられます。

派遣社員については、派遣契約において業務内容や就業場所が定められているため、派遣元と協議をしない限りテレワーク勤務への切替えは困難です。ただし、派遣労働者であることのみを理由として、一律にテレワークを利用させないことは、雇用形態にかかわらない公正な待遇の確保を目指して改正された労働者派遣法の趣旨・規定に反する可能性があると指摘されています[※4]。

ポイント◐ コロナ収束後のテレワーク

コロナウイルスが収束して以降のテレワーク勤務の場合には、使用者の職場安全衛生配慮義務は後退していくと考えられます。従業員の働きやすさや、企業経営の効率化という観点が前面に出てくると思われますので、誰を対象とするのかについては企業の自由な裁量が認められるようになると考えられます。

従って、業務内容から絶対に出社が必要である従業員に限定するという必要性もなく、より柔軟な対象者の選定が可能になってきます。ただし、契約社員には

認めないなどという扱いをすることは、パートタイム・有期雇用労働法による不合理な待遇差だとして認められないことに変わりはありません[※5]。

注釈

※1：労働者には伝統的に「ホワイトカラー」「ブルーカラー」という区分がなされているが、工場の管理部門（ホワイトカラー）と現場従事者（ブルーカラー）のように単純な区分ができないほど現在は勤務形態が多様化している。今後は、企業の提供する事業所で業務に従事する「エッセンシャルワーカー」と労働者が好む就業場所で業務に従事する「リモートワーカー」といった新たな区分けが生まれるようになるとも考えられ始めている。

※2：勤続年数を基準に設けることについては厚労省のモデル就業規則において「勤続年数が短い従業員は、会社での働き方のルール（服務規律や慣習）や仕事の進め方に関する理解が乏しく、自立して仕事を進めることができないといった考え方」に基づくと解説されている。しかし、本文にもあるように、コロナウイルスの感染防止策としてテレワーク勤務を実施するような場合には、勤続年数で差異を設ける合理性は見出し難い。現実に、新入社員のうちからすぐに在宅テレワークを認めている企業も珍しくない。

※3：「短時間労働者及び有期雇用労働者の雇用管理の改善等に関する法律」（パートタイム・有期雇用労働法）では、その第9条で「事業主は、職務の内容が通常の労働者と同一の短時間・有期雇用労働者（第11条において「職務内容同一短時間・有期雇用労働者」という）であっ

て、当該事業所における慣行その他の事情からみて、当該事業主との雇用関係が終了するまでの全期間において、その職務の内容及び配置が当該通常の労働者の職務の内容及び配置の変更の範囲と同一の範囲で変更されることが見込まれるもの（次条及び同項において「通常の労働者と同視すべき短時間・有期雇用労働者」という。）については、短時間・有期雇用労働者であることを理由として、基本給、賞与その他の待遇のそれぞれについて、差別的取扱いをしてはならない」とする均等待遇規定を設けている。

※4：厚生労働省「派遣労働者に関するQ&A」（令和2年8月）の問5-1における厚労省の見解。

※5：正社員以外では企業の機密情報の管理が徹底されていない懸念があることなどを理由として、非正規雇用の従業員にテレワーク勤務を認めないとすることも合理性があるとは認められないと考えられる。正社員であるから、非正規雇用・パートタイマーだからではなく、情報セキュリティ対策として現実に問題があるのか、ないのかで判断されるべきものである。総合職正社員であっても在宅テレワークのための適切な環境が整備されていなければ在宅テレワークを認めないとするべきであるし、契約社員にはそもそも営業機密を取り扱わせないなどで対処するべき問題といえる。

規定例 3 | 在宅テレワーク実施のための規定（命令・許可）

（命令）

第5条　会社は、前条各号の規定に該当する従業員に対し、テレワーク勤務を命ずることができる。

2．会社は、テレワーク勤務を命じようとするときは、あらかじめテレワーク勤務を命ずる対象となる従業員と面談協議を行い、当該従業員のテレワーク勤務の希望及び希望するテレワーク勤務の種類、従業員の自宅またはこれに準ずる場所における就業環境の有無及び適否などを確認した上、当該従業員のテレワーク勤務の実施が適切であると判断した場合にテレワーク勤務を命ずるものとする。

（許可申請）

第6条　第4条各号に規定するテレワーク勤務の対象に該当する従業員がテレワーク勤務を希望する場合には、会社に対し、所定の許可申請書に必要事項を記入の上、テレワーク勤務の許可申請を行うことができる。なお、許可申請は、テレワーク勤務を希望する従業員の所属事業場の所属長に許可申請書を提出することにより行う。

2．会社は、前項に規定する許可申請があった場合には、許可申請書に記載の申請内容に基づき、当該従業員のテレワーク勤務の必要性、就業場所における通信環境、情報セキュリティ環境、当該従業員に対する労働時間管理の可否、当該従業員の担当業務に関するテレワーク勤務の可否及びその必要性その他会社の業務状況などを勘案し、テレワーク勤務の許可を与えることができる。

3．テレワーク勤務の実施期間は、会社が指定する期間とする。ただし、会社は、業務上の必要性がある場合には、会社が指定した実施期間を短縮または延長を指示することができ、従業員は、これに従うものとする。

3 テレワークの命令、申請・許可

テレワーク勤務については、企業が積極的に命じて行わせる場合と、テレワーク勤務をするかどうかを従業員の希望に応じて行う場合とが考えられます。

労務管理の本来のあり方からいえば、どこでいかなる業務を行わせるのかを決めるのは使用者にあるので、テレワーク勤務は企業が命ずるということを基本にするべきだといえます。特にコロナウイルスの感染防止対策としてテレワーク勤務を実施する場合には、「職場に来させない」（通勤中や勤務時間中の感染を防止するため）ことが主たる理由になります。従業員が「出勤したい」と言っても企業が在宅テレワークを命ずることができるような制度にしておかなければなりません。

> 原則…企業がテレワーク勤務を命ずる
> 例外…従業員の要望に応じてテレワーク勤務を認める

就業規則や労働契約書においては、在宅勤務等のテレワークを実施するのかどうか（希望すれば認められることがあるのか、会社から命じられることがあるのか）を明確にしておく必要があります。

ポイント❶ テレワーク勤務命令

企業が従業員にテレワークを命ずるとしても、当初からテレワーク勤務を前提として雇用している従業員でない限り、「自宅は仕事ができる環境ではない」として在宅勤務を拒否するということも考えられます。コロナ禍が収束して以降は、感染予防のために通勤したくないとしていた従業員であっても、在宅テレワーク勤務の命令に応じないということが出てくるかもしれません。

事業所を限定して採用したような従業員でなければ、どの事業所で就業させるのかは使用者の判断で決められるものです。しかし、テレワーク勤務も出向や転勤などと同様に、広い意味では「異動」命令の合理性の問題に帰着するといえます。「異動」は企業の人事権に関わる事項ですので、就業規則によってテレワーク勤務を命ずる根拠規定が設けられている場合には、従業員が嫌だといっても、人事権の濫用でない場合はテレワーク勤務を命ずることに問題はありません[※1]。

しかしながら、合理的な理由があってテレワーク勤務を命ずるとしても、実際に従業員がそれに異を唱えて紛争になるようなことは回避すべきです。予め従業員と面談を行うなどし、テレワーク勤務の実施が適切かどうか（従業員の就業に支障をきたすことがないか）などを確認

してから命ずることが望ましいといえます【規定例3第5条第2項】。

ポイント❶ テレワーク勤務許可基準

部署一律にテレワークを実施するのではなく、その部署に所属している従業員が希望したときはテレワーク勤務を申請することで会社がそれを許可するという手続を設けることも必要になります【規定例3第6条第1項】。

その部署の所属従業員のうち、数名は必ず出社してもらわないと業務が推進できない場合など、テレワーク勤務を希望する従業員全員の希望が叶わない場合もあります。また、設備的・技術的な問題からテレワーク勤務がふさわしくない従業員も出てくる場合があります。

テレワーク勤務をさせるかさせないかの判断にあたっては

- 実施する必要性があるか
- 通信設備環境が整っているか
- 情報セキュリティ環境が整備されているか
- 労働時間管理を適切に実施できるか

を検討し、これが満たされない場合にはそもそも適切なテレワーク勤務環境がないとして許可しないこととします（逆にいえば会社からもテレワーク勤務を命ずることはできないとされます）[※2]。

これらの条件が整っている場合でも、

- 業務状況としてテレワーク勤務ではなく実出勤を求める必要がある
- 他の、よりテレワーク勤務をさせるべき従業員がいる

などの場合には、その従業員のテレワーク勤務は許可しないこととします【規定例3第6条第2項】。

前者については客観的、形式的に判断できる事項になりますが、後者は個別具体的な判断を要するものとなります[※3]。

ポイント❶ テレワーク勤務の期間

テレワーク勤務の実施期間も定めた上で命ずる（許可する）ことが必要になります。想定よりも早くコロナウイルスのワクチン接種が進んだために実出社を早めたい（あるいはその逆）などの場合もありますし、業績拡大に伴ってテレワーク勤務のみでは業務が回りきらなくなったためにテレワーク勤務の終了を早く切り上げたい場合も出てくるかもしれません。これらのためには、予め期間を定めていても、「会社が指定した実施期間の短縮または延長を指示することができる」という規定を設けておくことが望ましいです【規定例3第6条第3項】。ただし、テレワーク勤務を切り上げる（延長する）ことが、従業員の就業環境に影響を及ぼす場合もあります。企業が短縮や延長を指示できると規定をしても、個別の事情においてはその指示が裁量権を

逸脱するとして認められないケースも出てきますので、実際の運用においては従業員との面談をするなどして了解を得ておくことなどを励行するべきです。

※1：転勤については「東亜ペイント事件」（最判 昭61.7.14）が基本的な判断を示している。使用者が就業規則などで異動命令（転勤命令）の権利を持っている場合であっても、転勤は労働者の生活に影響を与えるものなので「濫用することは許されない」としている。この濫用の判断においては、転勤命令が、業務上の必要がない場合や、業務上の必要があっても、不当な動機・目的を持ってされる転勤命令だったり、労働者に対し通常甘受すべき程度を著しく超える不利益を負わせたりするものでない限りは「権利濫用には当たらない」と示している。

　これ以降、司法判断においては「業務上の必要性」があり、転勤に伴い「通常甘受すべき程度を著しく超えるか」を基準として転勤命令の是非を判断するようになっている。

※2：自宅における通信環境の整備はテレワーク勤務を実施するための絶対的な必要条件である。単に「インターネットに繋がっている」だけでは足りず、接続が安定しているか、ネット接続のセキュリティ対策が講じられているか、などの技術的基準を満たさない限りは安定した業務遂行や情報セキュリティの観点からもテレワーク勤務を許容できないものとな

る。この点については、企業が通信設備の構築に必要となる設備の貸与や手当の支給によってまかなうべきものといえるが、集合住宅のためインターネット回線を引き込むことができず、ポケットWi-Fiルーターしか使用できないとか、自宅の造りから勤務中のパソコンを家族などが容易に目にすることができてしまうなど、企業の補助では対応できない課題もある。このような課題をクリアできないことを理由にしてテレワーク勤務の申請を許可しないことは合理性があると考えるべきであろう。

※3：従業員の一定数を実出勤させないと業務ができない場合など、全員のテレワーク勤務希望を認めることができない場合もある。このような場合には、例えば単身者よりも高齢の同居家族がいる従業員を優先して在宅テレワークを認めるような取扱いをするしかない。しかし、育児中の従業員と、親の介護中の従業員のいずれを優先させるかなどは画一的に決められるものではなく、その時点における各従業員の現状に鑑みた具体的判断を要することから、「テレワーク勤務の可否及びその必要性その他会社の業務状況などを勘案し」などの抽象的な基準を設けるほかない。

規定例 4 在宅テレワーク実施のための規定（就業場所）

（所属事業場）

第7条 テレワーク勤務に従事する従業員（以下「テレワーク勤務者」という。）は、会社の命令により、または会社の許可を受けてテレワーク勤務に従事する場合であっても、その所属する部署及び事業場に変更はないものとし、会社は、当該事業場における勤務に代替する措置としてテレワーク勤務を命じ、またはテレワーク勤務を許可するものとする。

（就業場所・在宅勤務）

第8条 就業規則第9条第1項第1号及び本規程第2条第1号に規定する自宅に準ずる場所とは、次の各号のいずれかに該当する場所であって、会社が許可した場所とする。

⑴ 従業員が所有または賃借している自宅以外の建物内（ただし、従業員及びその家族以外の者が自由に立ち入ることができる場所を除く。）

⑵ 従業員が所有または使用している自家用自動車内（ただし、自宅等の敷地内または当該従業員が賃借している駐車場内において停車させた状態に限る。）

⑶ 従業員の親族が所有または賃借している建物内であって、従業員が単独で使用することのできる居室内

2．前項各号の規定にかかわらず、会社は、従業員が在宅勤務に従事するにあたり、特に必要があると認めるときは、次の各号に掲げる場所における在宅勤務に従事することを許可することがある。この場合、当該従業員は、所属長に対し、その都度、在宅勤務に従事する予定の就業場所及び当該就業場所における予定労働時間を申請し、所属長の承認を受ける。

⑴ 従業員が単独で使用することのできる専用貸室

⑵ コワーキング対応の専用ラウンジ等（ただし、喫茶店、飲食店などの開放空間を除く。）

⑶ 従業員が利用登録して使用する貸会議室、コワーキングスペース（ただし、アミューズメントワーケーション等の開放された空間を除く。）

（就業場所・サテライトオフィス）

第9条　就業規則第9条第1項第2号及び本規程第2条第2号に定める会社が指定する場所は、別表記載の場所とする。

※別表記載省略

（就業場所・モバイル勤務）

第10条　就業規則第9条第1項3号及び本規程第2条第3号に定めるモバイル勤務は、従業員が取引先等と会社の事業場の移動に要する時間の節約及び業務の効率化のために臨時に使用する場合に限り、必要最小限度の時間の範囲内で認めるものとする。

4　テレワークの形態・就業場所

テレワークは、PCやタブレット端末等の通信機器を用いて、企業のオフィス、店舗等の事業所に出ることなく労務に就くものですが、「どこ」で就業するのかで「在宅（自宅）」、「サテライトオフィス」そして「モバイル」の3つの類型に分けられます[※1]。

サテライトオフィス勤務は、本来の事業所とは別に従業員が就業できる場所を企業が確保していることが前提になります。本社勤務の従業員を、自宅に近い営業所で勤務できるようにするとか、ワークスペースを別途企業が借り上げるなどです（単独で借り上げる場合もあれば複数の企業でシェアする場合もあります）。

全国規模の大企業であれば活用しやすいかもしれませんが、支店や営業所数が少ない中小企業の場合には、新たなサテライトオフィスを用意することは施設費（賃料）負担がかかるのであまり現実的ではないかもしれません。

ポイント◐ 事業場の定め

Chapter1の「1　就業環境の変化」でも触れましたが、企業のオフィスや工場等への実際の出勤がないテレワークの場合には、「就業場所≠事業場」ということを意識する規定を設けることが必要です。

常時10名以上の労働者を使用する事業場では就業規則を作成しなければならないのですが（労基法第89条）、ここでいう「事業場」は、本社、支店、営業所それぞれとされています。在宅テレワー

クをしている従業員の就業場所をその従業員の「自宅」とした場合、そもそも10名以上の労働者はいないでしょうから就業規則の作成すら不要ともいえますが、残業に関する三六協定の締結の必要性などを考えれば就業規則が不要という扱いは非現実的です。しかし、1名しか労働者のいない事業場（自宅）ごとに就業規則を作成する（その1名を代表者として意見徴収をし、労基署に届出をした就業規則をその「自宅」に備え置く）というのも非合理的な取り扱いと言わざるを得ません。

　在宅テレワークの場合は、業務に従事する場所である自宅は「作業場」であって「事業場」ではないということを明確にしておくのが適当だといえます[※2]。従って、テレワーク規定においても、「所属する部署及び事業場に変更はない」ものとし、在宅テレワークをしている従業員も、本社・支店・営業所などいずれかにある所属部署が本来の就業場所であり「事業場」であるという立て付けを維持しておき、「当該事業場における勤務に代替する措置としてテレワーク勤務を命じ」るという制度にしておく方が確実だといえます[※3]。

> テレワーク勤務の従業員
> 事業場…本店・支店・事業所に現実にある所属部署（デスク）
> 作業場…事業場に替えて勤務する自宅等

　なお、当初から「在宅テレワーク勤務限定」として採用した従業員の場合には、そもそも企業のいずれかの事業場で業務にあたることが想定されていないということになります。このような場合であっても、上記のようにいずれかの事業場への所属はさせ、ただし現実の勤務場所（作業場）を自宅とするという構成は維持しておくべきといえます[※4]。このときに、事業場が形骸化しているとして問題視される可能性は残りますので、完全在宅テレワークとするのではなく、所属の事業場への現実での出勤も求める扱いとし、実際に出勤させるなどの運用もすることが無難ではないかと考えます。こうすることによって、就業規則や三六協定の適用についても、一定の事業所ごとに定めたものが在宅テレワーク勤務者にも従業員にも適切に及ぶという状態を維持することができるようになるといえます[※5]。

ポイント▶「在宅」の範囲

　テレワークの基本は自宅での在宅勤務で良いといえますが、従業員は出勤を前提に自宅での執務スペースは確保していないのが普通です。そのため、やむなく実家や自家用車内でテレワークをしているなど、厳密には「自宅」とはいえない

在宅テレワークも見られます^(※6)。在宅勤務をさせるために広い自宅を確保させる訳にはいきませんので、自宅に準ずるスペースでの執務を認めることも検討するべきです。

ただし、テレワーク勤務においては常に情報セキュリティ対策が必要になります。自宅の中においても、第三者が容易に触れられるような状態でパソコンや端末機器を置いておくことはやめさせなければなりません。同居している家族を建物から排除することは非現実的で不可能ですが、少なくとも同居家族以外の第三者からは隔離されたスペースで業務にあたることは必須だといえます。そこで、自宅に「準ずる」という場所についても、「従業員及びその家族以外の者が自由に立ち入ることができる場所を除く」、「自宅等の敷地内または当該従業員が賃借している駐車場内において停車させた状態に限る」、「従業員が単独で使用することのできる居室内」【規定例4第8条第1項各号】などの規定を設けることが必要になってきます。通信環境の整備とともに、部外者からの隔離という環境も整わなければ、機密情報の漏洩など情報セキュリティの観点からテレワークを認めるにはふさわしくないことになります。

ポイント◎ モバイル勤務

テレワークには「モバイル（勤務）」と呼ばれるものがあります。これは外回りの多い営業職などが、わざわざオフィスに戻らなくても喫茶店や移動中の交通期間内で、ノートPCやタブレット端末を使ってのメールのやり取り、報告書や企画書の作成をするなどの業務を行うことで時間の効率化を図るということを想定しているものです。

コロナウイルスの影響で、出先で短時間パソコンを使ってWEB会議に参加する、メールなどのやり取りをするという需要が高まり、鉄道公共機関の駅構内にレンタルワークブースが設けられるなどのサービスも拡大しています。

厚労省のガイドラインではこれもテレワークとされていますが、PC・タブレット端末一つでどこでも仕事ができるというサービス利用を在宅テレワークと同様に扱うのかは慎重に検討する必要があります。外出先で一時的に立ち寄って短時間利用するようなワークブースと、就業時間中ずっとそこにいるのを原則とする在宅テレワークでは、勤務態勢のあり方が根本的に異なります。事業場外みなし労働に際して喫茶店などでの執務を認めるのかどうか（主として情報セキュリティの問題）と、オフィスに出てくることなく自宅等での勤務を認めるのか（主として就業場所の問題）とは扱いを別にする方が望ましいと考えます。

特に、モバイル勤務ではその就業態様の現実から、不特定多数の目と耳のある場所での仕事を認めることになります。

駅構内の個室ブースなどのように「隔離」されたスペースで行う場合はともかく、飲食店内や交通期間内では、情報セキュリティ上のリスクが大きくなります。少なくとも、言葉を使う会議は厳禁とせざるを得ません[※7]。

　従って、モバイル勤務は外回りの多い従業員に対して補完的に認める方が無難であると考えられます[※8]。テレワーク規定例において「モバイル勤務は、従業員が取引先等と会社の事業場の移動に要する時間の節約及び業務の効率化のため

に臨時に使用する場合に限り、必要最小限度の時間の範囲内で認める」【規定例4第10条】としたのはその趣旨によるものです。

　厚労省の3分類には明確にあてはまりませんが、時間貸しのコワーキングスペースや駅構内の個室ブースなどで就業する場合は、これを自宅やサテライトオフィスに準ずるものとして認めるとした方が適当ではないかと考えられます【規定例4第8条第2項】。

注釈

※1：厚労省の「テレワーク総合ポータルサイト」にはテレワーク関連の様々な情報が掲載されており、モデル就業規則の「作成の手引き」をはじめとする、各種参考資料が公開されている。
https://telework.mhlw.go.jp/info/doc/

※2：「在宅勤務での適正な労働時間管理の手引」（平成24年3月・厚生労働省）では、「在宅勤務者の自宅は事業場に該当しませんので、在宅勤務者に適用している就業規則などを、在宅勤務者の自宅所在地を管轄する労働基準監督署に届け出る必要はありません」と記載されているため、在宅勤務に限定した場合でも、自宅は事業場に該当しないと考えても良いとされている。

※3：「場所的に分散しているものであつても、出張所、支所等で、規模が著しく小さく、組織的関連、事務能力等を勘案して一の事業場という程度の独立性がないものについては、直近上位の機構と一括して一の事業場として取り扱う」（昭47.9.18 発基第91号）とされている。
※2と併せることで、在宅テレワーク勤

務の場合の勤務場所（自宅）ではなく、その従業員が所属している事業場（本店、支店、営業所などの所属部署）単位で就業規則の整備や三六協定の締結をすることでも良いと考えることができる。

※4：形式的な所属となるかもしれないが、所属先の事業場が事業場としての実態を有していないものでは不可である。必要があれば所属しているオフィス（事業場）に出勤させ、そこで現実に労務に就かせることができるものでなければならないと考えられる。

※5：複数の事業所がある場合に、複数事業所で同一の就業規則を適用する場合には、本社で一括して就業規則の作成などを行い、本社の所在地の管轄労働基準監督署へ届け出ることで本社以外の事業所の就業規則についても届出があったものとして取り扱うことができるとされている。届出に際しては複数事業所分の冊数の規則を提出し、それぞれの事業所ごとの従業員代表または労働組合の意見書（労基法第90条第2項）を提出する（会社全体で過半数の労働組合が単一組織で

いる場合には労働組合本部の意見のみで足りる）。これとの均衡を考えると、在宅テレワーク適用者に対して共通の就業規則を適用する場合には、その所属する事業所（本社なり）で一括して就業規則の届出をする方式も取れると考えられる。

※6：長期化する在宅勤務を安全快適にするために、クルマを所有する家庭に向けて、車内をもう１つの仕事部屋として安全・快適に活用するためのテクニックをまとめたサイト「#OneMoreRoom（ワンモアルーム）」を公開している自動車会社もある。

※7：外出中の従業員の状況を「常時監視」するようなことをするか、厳しい自己管

理能力を備えた従業員でなければ、仕事をしているのかカフェでくつろいでいるだけなのかもわからなくなる。雇用契約が労働「時間」に対して賃金を支払うということを本質として成り立っている以上、「会社員」としての勤務にはそぐわないと考えられる。

※8：終日外回り営業などの従業員については、労働時間管理ができない就業状況であることを前提に事業場外みなし労働時間制が採用できる。この場合には、モバイル勤務は勤務形態の問題ではなく、社外において企業のデータベースを使用させるかなどの、もっぱら情報セキュリティの問題として検討することとなる。

規定例 5　在宅テレワーク実施のための規定（出社命令）

（出社命令）

第28条　会社は、業務上その他の事由により、テレワーク勤務者を出社させる必要が生じた場合、テレワーク勤務者に対し、その所属事業場への出社を命じることがある。

5　事業場への実出勤

テレワーク勤務を実施する（認める）場合であっても、現場でのシステム稼働テスト、人事面談（評価面談、特に懲罰にからむ面談）など、実際に事業場に出勤してもらうことが必要になってくる場合も出てきます。

テレワークを実出勤の補完的な位置づけで実施する場合であっても、当初から完全テレワークで採用した場合であっても、使用者である企業が必要と考えたときには所属事業場に実際に出勤させることができるような規定を設けておく必要はあります。

ポイント○ 出社命令

「出勤」という場合の「勤務」は、「作業する」場合に限定されるものではありません。企業の指揮監督下において命じられた業務に従事する場合は広く勤務だといえますので、企業が実施する従業員面談なども勤務には含まれるといえます（それゆえに面談の時間にも賃金が発生します）。とはいえ、「勤務を命ずる」、「出勤する」などとすると、通常の従業員は「作業」を命じられると捉えるでしょうから「出社を命ずる」などの表現にしておくほうが無難だといえます。

規定例 6 在宅テレワーク実施のための規定（就業時間）

（テレワーク勤務時の労働時間）

第12条　テレワーク勤務時の労働時間については、就業規則第20条第1項の定めるところによる。

2．前項にかかわらず、会社の承認を受けて始業時刻、終業時刻及び休憩時間の変更をすることができる。

3．前項の規定により所定労働時間が短くなる者の給与については、育児介護休業規程第○条に規定する勤務短縮措置時の給与の取扱いに準じる。

（休憩時間）

第13条　テレワーク勤務者の休憩時間については、就業規則第20条第3項の定めるところによる。

（所定休日）

第14条　テレワーク勤務者の休日については、就業規則第21条の定めるところによる。

（時間外及び休日労働等）

第15条　テレワーク勤務者が時間外労働、休日労働及び深夜労働をする場合は所定の手続を経て所属長の許可を受けなければならない。

2．時間外及び休日労働について必要な事項は就業規則第22条の定めるところによる。

3．時間外、休日及び深夜の労働については、給与規程に基づき、時間外勤

務手当、休日勤務手当及び深夜勤務手当を支給する。

（欠勤等）

第16条　テレワーク勤務者が、欠勤をし、または勤務時間中に私用のために勤務を一部中断する場合は、事前に申し出て許可を得なくてはならない。ただし、やむを得ない事情で事前に申し出ることができなかった場合は、事後速やかに届け出なければならない。

2．前項の欠勤、私用外出の賃金については給与規程第○条の定めるところによる。

6　テレワークにおける労働時間

テレワーク勤務の場合であっても労基法が定める労働時間や休日の定めを遵守しなければならないのは当然です。就業場所がオフィス・店舗など企業の事業場以外の場所になるというだけで労働時間については特段変わることはありません。

そのため、敢えてテレワーク規程で就業時間や休日、休憩などの定めを設ける必要まではなく「就業規則本体の定めに従う」とするだけでも足りるとはいえます。ただし、テレワーク勤務を実施するにあたって、実出勤の場合と異なる取扱いならば、それはテレワーク規程に盛り込むべきです。例えば、オフィスでは休憩時間の分割付与としているものを在宅テレワークでは一斉休憩の本則に戻すなら、その旨は明記するのが望ましいです。

～ワーケーションについて～

　しばらく前から外資系カフェなどでノートPCを使って仕事をしている「ノマドワーカー」（Nomad：「遊牧民」「放浪者」の意味。ライターやデザイナーに多く見られる）をよく見かけるようになっています。フリーランス（個人事業者）で働く人だけでなく、企業に所属している従業員でも目にするようになってきました。ノマドワーカーは「時間と場所にとらわれない働き方」の実践とされています。モバイル勤務を全面的に（終日に渡って）認める場合にはこれに該当するといえます。

　この延長ないしは発展系と思われるのが、在宅テレワークの延長に休暇を楽しみながらテレワーク勤務をする「ワーケーション」（WorkとVacationを混合させた造語）です。温泉宿で浴衣姿でノートPCで仕事をしているTVCMがあったりと、何やら優雅な印象を受けるものです。

　ワーケーションはコロナウイルスの影響を受けた新しい就業形態というよりは、「ロングステイとエコツアーの利用促進により、ウィズコロナ時代の地域経済の下支えや平日の観光地の活性化を目指す」という観光政策の色合いが強いものです。コロナウイルス感染が始まったかなり早い時期に、東京都内の遊園地が観覧車に乗ったまま仕事ができるなどのサービスを提供して話題にもなりました。本来はアミューズメントサービスを提供する場所であるのに、そこで仕事をするというのは、コロナウイルスの影響で入場者減になった遊園地の顧客誘引策（つまり観光地の活性化）に本質があると見る方が素直です。

　このようなワーケーションの導入には、在宅テレワーク等とは全く別の経営判断が必要だといえます。感染リスクを堪えて通勤電車でオフィスに出勤している従業員や、仕事中だと言っても構ってくれとやってくる子供を放置しているような後ろめたさの中で在宅テレワークをしている従業員が、プールサイドで優雅にWEB会議に臨んでいる従業員を見たときに果たしてどのような印象を抱くのかは想像に難くありません。全従業員が温泉地でワーケーションという状態ならばともかく、現実にはワーケーションを実現できるのは限られた従業員ですので、従業員の士気にも関わりかねません。

規 定 例 7 在宅テレワーク実施のための規定（就業時間）

（始業・終業等確認）

第17条 在宅勤務等を実施している従業員においては、以下のとおりの出退勤の確認を行うものとする。

【出勤・就業開始】

就業規則第20条３項に定められた所定始業時刻に、会社の定める手続きに従ってPCまたはタブレット端末等の通信機器より、会社のサーバーにログインするものとする

【退勤・就業終了】

就業規則第20条３項に定められた所定終業時刻に、会社の定める手続きに従ってPCまたはタブレット端末等の通信機器を、会社のサーバーからログアウトさせるものとする

【休憩時間】

就業規則第20条３項に定められた休憩時間においては、休憩時間の開始時に会社の定める手続きに従ってPCまたはタブレット端末等の通信機器を休憩モードに切り替え、会社のサーバーへの接続を一時停止し、休憩時間の終了時に休憩モードから就業モードに切り替えて会社のサーバーへの接続を再開するものとする

２．会社は、従業員の上長等をして、前項において従業員が就業中の時間帯においてメール、メッセージ、電話その他の手段により、適宜就業状況の確認をすることがある。この場合、従業員は直ちにこれに応ずるものとし、もし従業員からの応答がなかった場合（その後の応答により直ちに応答できなかった合理的な理由が認められた場合は除く）には、無応答の時間については従業員が執務から外れていた不就労時間として扱うものとする。

（通信手段の維持）

第18条 在宅勤務等を実施している従業員においては、就業時間中は常に会社、顧客取引先その他関係者からの連絡に対応できるように、電話・携帯電話、PC・タブレット端末等の通信機器を常に通話・通信可能な状況においておかなければならない。

2．従業員はWEB会議中、電話中などにより会社、顧客取引先その他関係者からの連絡に即時応答できない状況にあるときは、会社の指定するアプリケーションの設定によりその旨を明らかにし、それができない場合には会議・電話等の終了後直ちに折り返しの連絡を取り、即時応答できなかったことを説明するものとする。

7　労働時間管理

コロナウイルス感染発生当初の段階では感染予防のために「会社にこさせない」、「外出させない」ことから、とにかく家から出ないで仕事をさせるための在宅テレワークが取られました。極端な話、自宅で実際に仕事をしているかどうかよりも「出勤させない」という手段としてのテレワークというものも相当あったといえます。しかし今後は、企業による適切な管理のもとで実効性のある労務提供の手段の一つとしてのテレワーク勤務とする必要があります。オフィス・店舗への実出勤と同じレベルの就労（労務提供）をテレワークにおいても実現することが必要になってきます。

そうなると、従業員の労働時間を適切に管理することがテレワークにおいても必要になってきます。オフィス、工場などの「箱」の中で実際に従業員が就労し、上席者がいる場合には、目の前に実在する「人」を見て労働時間を管理することができます。しかし、在宅テレワークやモバイル勤務（会社と通信接続されているPC等端末機器を用いて自宅以外の社外で就労する形態）では、その従業員が今仕事をしているのかどうかを視認することができません。目の前にいない従業員に対しても、就業時間中に間違いなく仕事をしているかを確認できる仕組みが必要になります。

他方、在宅テレワークであっても就業時間においては、企業は従業員への安全配慮義務を果たす必要があります。テレワークがサービス残業の温床になるようなことはあってはなりません。適切な労働時間管理として、就業時間外（時間外・休日）には仕事をさせない（サービス残業をさせない）仕組みを作ることも必要になってきます。

〈テレワーク勤務での労働時間管理〉
・実際に就労していることを確認できる

> ・始業終業時刻の遵守や休憩時間の
> 適切な取得も確認できる
> という環境を構築することが必要

PC・タブレット端末を用いた始業・終業時間管理の仕組み、PC・タブレット端末等の通信機器を用いなければ業務ができない仕組みを構築することが基本です。

雇用主である企業からすれば、在宅であろうとも所定の労務の提供を受けなければ賃金との対価性を維持できません。自宅であることをいいことにサボっているのではないかという疑心暗鬼があっては在宅テレワークの導入に消極的になってしまいます。他方で、上席者不在の職場（自宅）のため、残業時間が増えていないか、休憩時間も取らずにいるのではないかといった従業員の健康管理・精神衛生面の配慮は通常の就業体制以上に気を遣う必要があります。在宅テレワークの実施においては、両面からの適正な管理が必要であり重要な課題になります。

このように、テレワーク勤務の制度化では勤務時間管理は特に重要な課題となります。

厚生労働省のテレワークガイドラインにおいても、テレワーク勤務における労働時間の適切な記録措置を講ずることを求めています。これによれば、まずパソコンの利用時間の記録などといった客観的な記録を基礎とするべきとし、やむを得ず自己申告を用いる場合にも適切な方策を講ずるべきとされています【資料4「テレワークの適切な導入及び実施の推進のためのガイドライン」における労働時間管理】。

ポイント❶ テレワークと事業場外みなし労働

在宅テレワークは、「事業場外」での勤務ですが、従前からある事業場外みなし労働とは根本的に異なります。事業場外みなし労働は、終日外回り営業をしている従業員のように、現実の労務提供の場所が事業場外なので「労働時間の管理ができない」ことを捉えて労働時間の特別な取扱いを定めるものです。これに対して、在宅テレワークは「自宅」という就業場所（作業所）において労働するものです。従業員が自宅にいても、システム的に労働時間の管理は可能ですし、実際に管理をしなければ制度として成り立ちません。従ってテレワーク勤務（サテライトオフィスの場合も同様）では、みなし労働時間とするべき必要性も合理性もないといえます【資料5 事業外みなし労働時間制と在宅テレワークの違い】[※1]。

ポイント❶ 労働時間管理システム

テレワーク勤務の場合にはその性質上、通信機器の活用が必須です。パソコン、タブレット端末などを使用しないこ

とには在宅テレワークはできないに等しいため、これらの機器を労働時間管理に活用するのが合理的であるし現実的でもあると考えられます（※2）。

具体的には、始業時刻に企業のサーバーにログインさせ、終業時刻にはログオフさせることで自動的に勤怠管理ができるアプリケーションなどを導入することが考えられます。休憩時間や、一時的な外出の場合も同様にさせるようにします。**規定例7第17条**でも「ログイン」、「ログアウト」という端末処理によって始業時刻、就業時刻や休憩時間を記録するという方式を取り上げています。

ログイン・ログアウトは、企業のサーバーやネットワークへのアクセスの開始・終了を意味します。従業員のPCには企業のデータを保存させることはせず、メールやメッセンジャーなども企業のネットワークを介してのみやり取りができるシステムにするのは情報セキュリティの観点からは必須になります（第2部Chapter 2「9 情報セキュリティ」参照）。これを労働時間管理にも活用することができます。ログインしている状態でなければ顧客データの閲覧や発注システムの使用などの業務上必要な行為ができず必要な業務が遂行できないという仕組みにすることで、ログインする前、ログアウトした後は否応なしに「勤務から外れるしかない」という就業環境が構築できます。

在宅テレワークのための勤怠管理アプ

リケーションの導入も、今は様々な種類のものが提供されるようになってきています。自社開発をしたり、システム会社に個別発注をするなどをしなくても、市販のアプリケーションでテレワーク勤務の場合の労働時間管理が容易にできるようになってきました。そのようなアプリケーションを導入することすらコスト的に難しいという企業の場合は次善の策になりますが、始業・就業・休憩のそれぞれの時点で上席者に電子メールを入れる（電話が最も簡易であるが、記録に残しにくいため推奨はできない）などで代替することも考えられます。メールを利用する場合には、**規定例7第17条第1項**で

「就業規則第20条2項に定められ」た所定始業時刻に、会社の定めたアカウントに宛てて電子メール、ショートメッセージその他を送信することにより、就業開始の伝達をするものとする

などと定めるのがよいでしょう。ただし、電子メールや電話による連絡だけで、就業時間外にも従業員が作業を続けられるようでは、適切な労務時間管理にならない場合もあるので注意が必要になります（※3）。

ポイント▶ 在籍の確認・中抜け対応

就業時間中に従業員が真面目に就労しているのかの把握（いわゆるサボリの防

止策）はかなり困難なものとなります。就業時間中は常時企業のサーバーへのログイン状態を維持させることは当然ですが【規定例7第18条】、これだけでは現実に労務に就いていたかどうかまではわかりません。

規定例7第17条第2項は、企業のサーバーにログインしている状態なのに応答がない場合には、就業から外れているとして扱うという定めです。実出勤の場合であっても、朝出社してタイムカードでは「出勤」状態なのに（会議や外回りでもないのに）どこにも姿が見えないまま長時間が経過している場合、「中抜け（サボリ）」として遅刻や早退と同じようにその時間は実就労時間から外すという扱いはすることがあります。

オフィス・店舗などへ出勤して、目の前に上司がいるような環境では、勤務時間中にブラブラと買い物に行くために席を離れてしまえば不在はすぐにばれてしまいます。在宅テレワークの場合には端末を立ち上げてログインしたままどこかへ出かけてしまったり、布団に潜って寝てしまっていても上司には分かりません。そこで、必要に応じて上司からの連絡をし、それに応答がない場合には就業していないという扱いができることを定めることは労務管理上の意味があります(※4)。

もっとも、さぼらずに仕事をしているのかなどの問題はテレワーク勤務特有のものではありません。企業の日常的な啓蒙活動や指導教育を通じて対応するべきものといえます。

ポイント◐ 中抜けの制度化

在宅テレワークの場合には、「自宅」という生活環境の中で「仕事」に従事しなければならないため、完全に職・住を切り離すことは困難といえます。さぼっているのではなく、自宅で勤務しているが故に離席をしなければならない（PCやタブレット端末から離れなければならない）場合もでてきます。

オフィス・店舗へ実出勤をしている場合の就業であっても、持ち場を短時間離れることまで厳しく禁止するということはしていないはずです。給湯室にお茶を入れに行く、トイレに行く、職場によっては喫煙場所に行くことを許容しているかもしれません。これと同程度のことは在宅テレワークにおいても認めなければなりません。

上司が在宅テレワーク中の部下にメッセージを送ったのに応答がない、電話をかけたのにでないなどの場合でも「宅配便が来たので受けとっていました」などとすぐに折り返しの連絡があれば、即時応答ができなかったことも問責しないという扱いを定めておく必要があります【規定例7第18条第2項】。

「中抜け」を制度として定めることを検討してもよいと考えます。トイレに行ったり、宅配便の受取をしたりなど、

短時間離席することは逐一断りを入れなくても許容するというものです。例えば

> 「従業員は、10分以内の離席（PC、タブレット端末等の通信機器から離れること）は離席中であることをアプリケーション上で示すことでできるものとし、その場合は会社は就業継続状態であるとみなす」

という規定を規定例7の第17条第3項や第18条第3項として追加することも考えられます。わざわざログイン・ログアウトをしなくても「離席中」ということを示せば（テレワークアプリにはそのような機能を持つものがあります）「サボリ」として扱わないと明確にすることで、従業員も在宅テレワークでの仕事がしやすくなるといえます。

更に発展させ、30分〜1時間などの「中抜け」時間については就業時刻を繰り下げることで、一斉休憩以外の休憩時間として認めるということも制度設計として検討することができます[※5]。

ポイント▶「監視」と「管理」

第17条第2項の在籍（就業）確認、第18条第1項の常時接続・待機は、在宅テレワーク勤務をしている従業員が、適切に業務に従事していることを確認する機能もあります。

従業員（労働者）の最大の義務は、就業時間中に企業（使用者）のために労務を提供することです。その対価が賃金（給与）なのですから、ノーワーク・ノーペイのルール（労務提供がなければ賃金も発生しない）からすれば、適切に労務提供をしているかを確認することは企業として当然のことといえます。しかしながら、雇用契約は私法上の「契約」であって、刑務所における刑務作業や労役場就労のように本人の意思に反してでも作業義務を負わせるというものではありません。

従業員の就業状態の把握は、適切な労務管理（過度な残業、休憩時間の適切な取得の有無、オーバーワークに陥っていないかなどを把握するなど）においては必要です。これは企業（使用者）の安全衛生配慮義務の問題にもなります。また、現実にサボって何もしていないような従業員に対して、適切な管理監督権を行使するためにも何らかの監視が必要なのは事実です。

しかしながら、過度な監視は、それ自体がパワーハラスメントにもなりますし、在宅テレワーク勤務をしている従業員に対する過度な負担として精神衛生上も問題あるものとなります。

> **テレワーク勤務中の従業員の労務管理**
> ○ 適正な就業環境にあるかどうかの「管理」の観点で実施するものは必要

この観点では、いわゆる「追跡ソフト」を導入することで、勤怠管理をより厳しく実施することの是非が問題になってきます。ここでいう「勤怠」は、就業時間中実際に仕事（作業）をしているのかどうかです。

テレワーク勤務中は『Zoom』、『Slack』、『TEAMS』などのミーティングアプリを使用することが多いといえます。これらのアプリの中には、プレゼンス情報を示すことができるものがあり、その従業員が作業中なのか手待ち状態なのかがある程度分かるようになります[※6]。従業員に対して、就業時間中はこれらのアプリを立ち上げ、即時にメッセージやチャット会議などに対応できるようにしておくことを求めるのは、業務の効率化からも必要です。プレゼンス情報そのものは、従業員が即時対応可能な状態にいるのか、なにか別のミーティングに出ているのか、あるいは退席中（休憩中）なのかなどを明らかにする程度ですので、過度な監視をしているものともいえないでしょ

う。従って、規定例7第18条第1項のように「就業時間中は常に会社、顧客取引先その他関係者からの連絡に対応できるように、電話・携帯電話、PC・タブレット端末等の通信機器を常に通話・通信可能な状況においておかなければならない」とすることに問題はなく、むしろ業務上の指揮監督上も必要なものといえます。

これに対して、いわゆる「追跡ソフト」の導入は問題点が多いといえます[※7]。『Hubstaff』や『TSheets』といったアプリケーションは、1ユーザーあたり月額5ドルから利用できる（新たな管理システムを構築するよりも遙かに安いコストで企業が導入できる）従業員管理システムです[※8]。『Hubstaff』は、キーストローク監視（マウスやキーボードを動かした分量を10分ごとに計測する）や画面監視などで、従業員が就業時間中に何をし、賃金を支払うに値する活動をしたといえるのかなどをチェックできるものです。「生産性向上」[※9]に役立つアプリケーションであるとされており、様々なプラットフォームと組み合わせることも可能で日本国内でも利用している企業が増えています。これまでは、チームであたるソフト開発の現場などで用いられることが中心でしたが、テレワーク勤務の拡大とともに業種、業務内容にかかわらず在宅テレワーク勤務中の従業員の管理のためにも用いられるようになってきてい

ます。

しかし、このようなアプリケーションで、分単位で従業員が作業をしているかどうかをチェックすることが合理的かについては疑問があります。実出勤をしている場合のオフィス・店舗においても、常時上司が背後で部下を監視するというようなことは、必要以上のプレッシャーを与える行為と評価されるでしょう[※10]。職務上の地位・権限を逸脱・濫用し、社会通念に照らし客観的な見地から見て通常人が許容し得る範囲を著しく超えるとして、パワーハラスメントだと評価される

こともあります[※11]。また、1日8時間、パソコンを操作させ続けない限り「サボっていた」という評価を受けかねない設計も適切かどうか疑問があります。

在宅テレワーク勤務は従業員の自宅で勤務するという本質上、従業員のプライバシー保護の観点も、オフィス・店舗での実出勤就労よりも高くなるともいえます。過度な管理は結果的に従業員の自宅の状況を明らかにさせることにも繋がりかねないため、企業はプライバシー保護の配慮も十分にしなければならなくなります[※12]。

📝 **注釈**

※1：厚労省のガイドラインで定められているテレワークの3類型のうち、「モバイル勤務」については、第2部 Chapter 2「4 テレワークの形態・就業場所」で述べたように本来的にはテレワーク勤務ではなく、事業場外みなし労働時間の対象となる勤務形態とみる方が適当であるという。

※2：昔ながらの紙のタイムカードではなくPCへのログインなどのWEB勤怠システムで出退勤管理をする企業が増えている。このようなシステムはコロナ禍より遥か以前よりファーストフードのアルバイト店員の勤怠管理ですら利用されているものであり、導入コストもそこまでかかるものではない。

※3：いわゆる未払残業代請求などの事案では、実労働時間の立証手段として裁判所がもっとも重視する証拠にPCのログイン・ログオフ履歴がある。上席者に終業の報告を入れた後もPCを使って業務を継続していたような場合、そのPCのログに基づいて実労働時間が認定される

ことが多い。

※4：実際に、自宅の通信状態が不調を来したためにサーバーにログインできなかったということを言い訳にして「遅刻ではない」と勤怠不良を争う従業員のトラブルもある。このような場合には「PCやタブレットでのログインはできなくても始業時刻に『サーバーにログインできない』と電話を入れることができるはずである。その一報があれば企業も遅刻とすることはせず、就業開始として扱うが、電話もメッセージもなく『連絡不能』の状態のままの場合であったため『遅刻』や『欠勤』として扱う」という主張を企業ができるようになる。

※5：厚労省の「テレワークの適切な導入及び実施の推進のためのガイドライン」においても「テレワークに特有の事象の取扱い」として中抜け時間を取り上げている。企業が中抜け時間を把握する場合、
① 中抜け時間を把握する場合には、休憩時間として取り扱い終業時刻を繰り

下げたり、時間単位の年次有給休暇として取り扱う

② 抜け時間を把握しない場合には、始業及び終業の時刻の間の時間について、休憩時間を除き労働時間として取り扱う

ことなどが考えられる。これらの中抜け時間の取扱いについては、あらかじめ使用者が就業規則等において定めておくことが重要である、としている。

※6：ビジネスシーンではよく使われている『Skype for Business』や『Lync』（いずれもインスタントメッセージサービス）はマイクロソフト社の『Outlook』と連携させることで「プレゼンス情報」が設定でき、［連絡可能］や［退席中］などの状況を表示することができる。これらのサービスを使い、就業時は常時オンライン状態にさせておくことによって、従業員の就業状況をある程度把握することも可能である。

※7：従業員が就業しているかどうかを監視するアプリケーションとしては、『InterGurd』というアプリある。日本語版はリリースされていないが、『Hubstaff』以上に監視内容が強化されており、5秒ごとにメール、メッセージ、PC・端末のスクリーンショットをすべて記録することができる機能があり、しかもPCや端末を使用している従業員には分からない態様でインストールすることができるため、企業がこのようなアプリケーションを導入することは問題が多いといわざ

るを得なくなる。

※8：会議アプリなどとは別に、企業が従業員の電子メールやメッセンジャーのやりとりを監視できるかについては別個検討が必要である。電子メールなどで監視するのは、作業をしていたかどうかというよりは、適切な業務をしていたかどうか、不正な行為をしていないかどうかの監視のためというのが主たる目的の場合が多い。「背任的な取引をしていないか」、「顧客に対して法令に沿った適切な説明をしていたか」などを監視することは企業においても必要な行為であるといえる。

監視行為の目的、やり方・方法等と従業員が被る不利益とを比較衡量した上で、その行為が社会通念上相当な範囲を逸脱したと認められる場合には、従業員に対するプライバシー権の侵害が成立するとした裁判例もある（東京地裁 平13.12.3 ※ただしこの事案では相当性の範囲内にあり社会通念上相当な範囲を逸脱したとはいえないとして不法行為の成立は否定した）。

※9：「生産性向上」とは、業務内容の効率化とか、製造数の増加などというものではなく、企業が投資した経営資源がどれだけの成果を生み出すかというもので、平たくいえばどれだけ粗利率を上げられるかというものである。これを労働者との観点でみると、いかに労働者1人当たりの成果を上げられるかというものであり、就業時間中の「無駄な」アイドリング時間を無くせば（常にフル稼働させれば）生産性が向上することになる。

※10：国労とJRの間での労組対立の中で有名になった「背面監視」という言葉がある。これは管理者が従業員の作業状況の一部始終を常時監視するというものである。このような監視が行われるのは、サボり防止という目的ではなく、従業員の問題ある作業を拾い上げて評定に影響させる（場合によっては懲戒処分をす

る）ことを目的としている場合があり、職務上の地位・権限を逸脱・濫用した行為と評価される場合がある。

※11：パワーハラスメントの定義については、「組織・上司が職務権限を使って、職務とは関係ない事項あるいは職務上であっても適正な範囲を超えて、部下に対し、有形無形に継続的な圧力を加え、受ける側がそれを精神的な負担だと感じたときに成立する」（東京地裁 平21.10.15）、「企業組織もしくは職務上の指揮命令関係にある上司等が職務を遂行する過程において、部下に対して、職務上の地位・権限を逸脱・濫用し、社会通念に照らし客観的な見地から見て通常人が許容し得る範囲を著しく超えるような有形・無形の圧力を加える行為」（東

京地裁 平24.3.9）などとする裁判例がある。

※12：使用者は雇用契約に付随して、労働者のプライバシーが侵害されないよう職場環境を整える信義則上の義務があるとして、従業員を職場内外で継続的に監視し、私物の写真撮影をしたなどの行為が不法行為にあたるとした判例がある（最三小判 平7.9.5・関西電力事件）。同事例や類似事例の多くは労働組合対応としてなされた従業員の監視であるが、労働者のプライバシーが侵害されないような職場環境を整備する義務が使用者にあるという基本判断はほぼ確立されている（例えば社内での盗撮を防止するべき施策を講ずる義務を認めた事例として仙台地裁 平13.3.26がある）。

7 テレワークにおける労働時間管理の工夫

(2) テレワークにおける労働時間の把握

テレワークにおける労働時間の把握については、「労働時間の適正な把握のために使用者が講ずべき措置に関するガイドライン」（平成29年1月20日基発0120第3号。以下「適正把握ガイドライン」という。）も踏まえた使用者の対応として、次の方法によることが考えられる。

ア 客観的な記録による把握

適正把握ガイドラインにおいては、使用者が労働時間を把握する原則的な方法として、パソコンの使用時間の記録等の客観的な記録を基礎として、始業及び終業の時刻を確認すること等が挙げられている。情報通信機器やサテライトオフィスを使用しており、その記録が労働者の始業及び終業の時刻を反映している場合には、客観性を確保しつつ、労務管理を簡便に行う方法として、次の対応が考えられる。

① 労働者がテレワークに使用する情報通信機器の使用時間の記録等により、労働時間を把握すること

② 使用者が労働者の入退場の記録を把握することができるサテライトオフィスにおいてテレワークを行う場合には、サテライトオフィスへの入退場の記録等により労働時間を把握すること

イ 労働者の自己申告による把握

テレワークにおいて、情報通信機器を使用していたとしても、その使用時間の記録が労働者の始業及び終業の時刻を反映できないような場合も考えられる。このような場合に、労働者の自己申告により労働時間を把握することが考えられるが、その場合、使用者は、

① 労働者に対して労働時間の実態を記録し、適正に自己申告を行うことなどについて十分な説明を行うことや、実際に労働時間を管理する者に対して、自己申告制の適正な運用等について十分な説明を行うこと

② 労働者からの自己申告により把握した労働時間が実際の労働時間と合致しているか否かについて、パソコンの使用状況など客観的な事実と、自己申告された始業・終業時刻との間に著しい乖離があることを把握した場合[※]には、所要の労働時間の補正をすること

③ 自己申告できる時間外労働の時間数に上限を設けるなど、労働者による労働時間の適正な申告を阻害する措置を講じてはならないこと

などの措置を講ずる必要がある。

> ※ 例えば、申告された時間以外の時間にメールが送信されている、申告された始業・終業時刻の外で長時間パソコンが起動していた記録がある等の事実がある場合。
> なお、申告された労働時間が実際の労働時間と異なることをこのような事実により使用者が認識していない場合には、当該申告された労働時間に基づき時間外労働の上限規制を遵守し、かつ、同労働時間を基に賃金の支払等を行っていれば足りる。

労働者の自己申告により労働時間を簡便に把握する方法としては、例えば1日の終業時に、始業時刻及び終業時刻をメール等にて報告させるといった方法を用いることが考えられる。

事業場外みなし労働時間制（労基法38条の2）

　労働者が業務の全部または一部を事業場外で従事し、<u>使用者の指揮監督が及ばない</u>ために、労働者の労働時間の算定が困難な場合に、使用者がその労働時間にかかる算定義務を免除し、「特定の時間」を労働したとみなすことができる制度。

　下記のような場合には「使用者の指揮監督が及ばない」と言えるためみなし労働時間制の適用は認められない。

> ① 　何人かのグループで事業場外労働に従事する場合で、そのメンバーの中に労働時間の管理をする者がいる場合
> ② 　無線やポケットベル等によって随時使用者の指示を受けながら事業場外で労働している場合
> ③ 　事業場において、訪問先、帰社時刻等束実の具体的な指示を受けた後、事業場外で指示どおりに業務に従事し、その後、事業場に戻る場合

　在宅テレワークにおいては、下記の要件をすべて満たせば事業場外みなし労働時間制が適用される。

> (a) 　当該業務が、起居寝食等私生活を営む自宅で行われること
> (b) 　当該情報通信機器が、<u>使用者の指示により常時通信可能な状態におくとされていないこと</u>
> (c) 　当該業務が、随時使用者の具体的な指示に基づいて行われていないこと

厚労省『テレワークモデル就業規則～作成の手引き～』より引用（下線部は筆者追記）

　制度設計としては在宅テレワークに事業場外みなし労働時間制を設定することは可能であるが、従業員の「労働の管理」を放棄することになる。所定労働時間中に間違いなく就業しているのかの確認をするとなれば②および(b)の要件に抵触することになる。自宅での就業であっても、始業とともに企業の通信回線に接続し、就業時間中は上席者や取引先からの連絡には即時に対応できる状態を維持し、終業まではオフィスに出勤して業務に従事しているのと変わらないような状態にしなければ企業としては従業員の在宅勤務を許容する価値がない。そしてそのような管理体制を構築することは「使用者の指揮監督権が及び」「労働時間の算定が可能」といえる。企業が従業員に求める在宅テレワークのあるべき姿は、事業場外みなし労働時間制は相容れない結論にならざるをえない。

規定例 8　在宅テレワーク実施のための規定（就業環境整備）

（テレワーク勤務の就業環境整備）

第27条　テレワーク勤務者は、テレワーク勤務に適した就業環境を整備した上で、テレワーク勤務に従事する。

2．前項に規定する就業環境の整備にあたっては、別途会社が指定する就業環境整備の指針（事務所衛生基準規則、情報通信機器作業における労働衛生管理のためのガイドライン等に準拠するもの。）に従う。

（情報通信機器・ソフトウェア等の貸与）

第30条　会社は、テレワーク勤務者から申請があった場合において、テレワーク勤務者の自宅等の設備環境を確認の上、テレワーク勤務に従事するために必要があると判断したときは、次の各号に掲げる情報通信機器またはソフトウェア等（以下「情報通信機器等」という。）を無償で貸与する。

⑴　ノートパソコンまたはタブレット端末

⑵　室内用モバイルWi-Fiルーター

⑶　サーバー接続認証用USBメモリ

⑷　勤怠管理用アプリケーション（ソフトウェア）

⑸　業務作業用アプリケーション（ソフトウェア）

⑹　セキュリティ用アプリケーション（ソフトウェア）

⑺　通話用ヘッドセット

⑻　その他会社が定める情報通信機器またはソフトウェア

2．テレワーク勤務者は、会社より貸与を受けた情報通信機器等を、会社の業務の遂行のためにのみ用いるものとし、テレワーク勤務に従事する場所として会社が認めた場所以外への持ち出し、第三者（テレワーク勤務者の同居家族なども含む。本条において以下同じ。）への貸与または私的使用をしてはならない。

3．テレワーク勤務者は、細心の注意を払って、会社より貸与を受けた情報通信機器等を使用または保管するものとし、紛失防止のために必要な管理を行うとともに、滅失または毀損させないように厳重に注意して使用するものとする。

４．テレワーク勤務者は、会社が貸与したノートパソコン、タブレット端末に会社が事前に許可したソフトウェア以外のソフトウェアをインストールしてはならない。

（費用の負担）

第31条　会社が貸与する情報通信機器等を利用する場合の通信費は会社負担とする。

２．在宅勤務に伴って発生する水道光熱費は在宅勤務者の負担とする。

３．業務に必要な郵送費、事務用品費、消耗品費その他会社が認めた費用は会社負担とする。

４．その他の費用については在宅勤務者の負担とする。

（就業環境構築費用）

第32条　会社は、第30条に定める情報通信機器等の無償貸与のほか、テレワーク勤務者がテレワーク勤務の就業環境を整備するにあたり、設備又は物品を調達する必要があると特に認める場合には、就業規則第41条に基づく設備・通信等手当の支給の他に、設備又は物品を購入するために必要と認める費用の全部又は一部を負担し、又は必要と認める設備又は物品を調達した上で、テレワーク勤務者に対して貸与する。

8　テレワーク環境への支援

居宅は衣食住をする場所であり、労務に従事するオフィス、店舗、工場とは根本的に作りも設備も違います。これまで実出勤で業務に従事していた従業員の場合、自宅で作業をすることは想定した居宅にはなっていないのが通常です。

その居宅で業務に従事させるのが在宅テレワークです。オフィスでは当たり前に存在している設備・仕様等がないために、作業環境としてふさわしくない、効率的な業務遂行に適わないといった事態が発生しないように適切な作業環境を構築させることが必要になります。

従業員の自宅をオフィス等と同様に用いて就業させることから、事業所における適切な職場環境と同等の機能、設備を構築させるために必要な施策は企業の責任と負担で行う必

要があります。

ポイント▶ 作業環境整備

テレワーク勤務（在宅が中心ですが、サテライトオフィスでも根本的な考え方は同じになります）も勤務に変わりありませんので従業員は「テレワーク勤務に適した就業環境を整備した上で、テレワーク勤務に従事する」ことが必要になります【規定例8第27条第1項】。

一般家庭では、ダイニングテーブルやチェアーはあっても、業務作業用のデスクや椅子（背もたれ、クッションがある）まではないことが多く見られます。このような環境では長時間に及ぶ執務には耐えられないものといえますので、従業員には「自宅等においてテレワークを行う際の作業環境を確認するためのチェックリスト」[※1]を交付するなどして、適切な作業環境を整備するように求めることが必要になります【資料6自宅等でテレワークを行う際の作業環境整備】。

また、これらの環境整備に必要となる費用については、「設備または物品を購入するために必要と認める費用の全部または一部を負担し、または必要と認める設備または物品を調達した上で、テレワーク勤務者に対して貸与する」べきです【規定例8第32条】[※2]。

ポイント▶ 通信環境整備

テレワークにおいて必須となるパソコンやタブレット端末は多くの家庭にもあるでしょうが、私用のパソコン、タブレット端末等を業務に使用させることは、情報セキュリティ対策からも回避するべきです。私物を業務のために拠出させるのは従業員に対する過剰な負担ともなります[※3]。そこで、通信設備については規定例8第30条第1項のように、「情報通信機器またはソフトウェア等（以下「情報通信機器等」という。）を無償で貸与する」などとして企業の負担と責任で貸与するようにします。

各家庭にはインターネット回線（通信回線）が引かれているはずですが、もしこれが無い場合には通信設備の構築のためにモバイルWi-Fiルーターを貸し出すことは、材作勤務での業務遂行にあたって必須となります。室内用モバイルWi-Fiルーターは、集合住宅に居住している従業員の場合に、もっとも簡易に通信環境を構築できる設備です。しかし、接続速度や安定性は劣ります。安定・高速な通信が業務遂行上必要であれば光回線などの契約をしてもらい、「会社が貸与する情報通信機器等を利用する場合の通信費は会社負担とする」という扱いをとることも考えられます【規定例8第31条第1項】[※4、5]。

ポイント▶ 在宅テレワーク環境構築義務

このような作業環境を構築するのは、在宅勤務等を実施させる上で必要な事項であり、これを怠ると企業の安全衛生配慮義務違反にもなります。従って費用も原則として企業が負担すると考えるべきです。

支給手当の在宅勤務手当とは別に、設備導入にかかる費用（イニシャルコスト）は企業の支出あるいは、企業が必要物品を貸与することで対応する必要があります【規定例8 第32条】。ただし、必要となる設備機器等は、従業員の就業場所（自宅、コワーキングスペース等）によって異なりますので、従業員にヒアリングをしたり、チェックリストを提出させるなどして、必要なものを見極めて貸与等をすることにします[※6]。

ポイント▶ 安全衛生管理体制の確立

繰り返しになりますが、テレワーク勤務においては、作業所が自宅等になるだけで、実出勤の場合の勤務と同様の安全配慮義務が使用者（企業）にはあります。もちろん、オフィス・店舗と自宅では、配慮義務の具体的な内容は異なることになりますが、自宅だから事故が起こったり、病気になっても従業員の責任ということにはなりません。しかるべき労務管理体制を構築して、従業員の健康管理などを図る必要があります[※8]。

企業においても、目の前にいない従業員の安全衛生を図るためには、実出勤による場合以上に細やかな配慮を尽くす必要がでてくるといえます。従って、在宅テレワーク環境の整備においても、「別途会社が指定する就業環境整備の指針（事務所衛生基準規則、情報通信機器作業における労働衛生管理のためのガイドライン等に準拠するもの。）に従う」などの定めを設け【規定例8 第27条第2項】、実際に指針やガイドラインに従った運用をするようにしなければなりません[※9]。

注釈

※1：厚労省の「テレワークの適切な導入及び実施の推進のためのガイドライン」の別紙において、テレワークを行う場合の従業員の安全衛生確保のためのチェックリストを、事業者用、労働者用それぞれ用意をしている。後者の「自宅等においてテレワークを行う際の作業環境を確認するためのチェックリスト」を従業員に交付し、記入をさせ、適切な就労環境を整備できているのかを確認するとともに、不備がある場合には企業において指導をし、あるいは必要となる備品整備の補助をするなどを実施することとなる【資料7 自宅等においてテレワークを行う際の作業環境を確認するためのチェックリスト】。

- - - - - - - - - - - - - - - - - - - -

※2：従業員の自宅で使うためにデスクや椅子を購入しても、使うのはその従業員だけであるとして、費用負担に難色を示す企業もある。しかし、実出勤を求める場合には事業場（オフィス・店舗）には、

その従業員のためのワークスペースを設ける必要があり、事業場で費用をかけるか、従業員の自宅で費用をかけるかの違いでしかない。テレワーク勤務が継続的に行われるようになれば、事業場にかけるコスト（賃料、什器備品、電熱費等）も削減されることになるので、その分の費用を従業員の自宅の作業環境構築に回すことがむしろ公平だともいえる。

※3：労基法第89条第1項5号で「労働者に食費、作業用品その他の負担をさせる定めをする場合においては、これに関する事項を就業規則に定めなければならない」とされており、在宅勤務等に必要な設備機器などの調達は企業が負担することが前提になっている。

※4：インターネット回線（有線）を新規に従業員の自宅に引き込むことは、契約名義人を誰にするのか、私用と業務用を切り分けすることが困難であることなどから、積極的には推奨できない。また、集合住宅の場合には個々の部屋で通信回線を引き込むことができない場合もある。そのため、安定して高速な通信を必要等するような業務をさせる場合を除いては、有線契約より割高になることが多いが、携帯通信事業者などが提供しているモバイルサービスを企業が契約し、そのWi-Fiルーターを貸し出すことが望ましいと考えられる。

※5：テレワークガイドラインでは、従業員の自宅の通信環境などについては、企業が負担することを前提にして以下のように定めている。
「特に、労働者に情報通信機器、作業用品その他の負担をさせる定めをする場合には、当該事項について就業規則に規定しなければならないこととされている（労働基準法（昭和22年法律第49号）第89条第5号）。
在宅勤務に伴い、労働者個人が契約した電話回線等を用いて業務を行わせる場合、通話料、インターネット利用料などの通信費が増加する場合や、労働者の自宅の電気料金等が増加する場合、実際の費用のうち業務に要した実費の金額を在宅勤務の実態（勤務時間等）を踏まえて合理的・客観的に計算し、支給することも考えられる。」

※6：テレワークガイドラインにおいては、テレワークに要する費用負担の取扱いについて以下のように定めている。
「テレワークを行うことによって労働者に過度の負担が生じることは望ましくない。個々の企業ごとの業務内容、物品の貸与状況等により、費用負担の取扱いは様々であるため、労使のどちらがどのように負担するか、また、使用者が負担する場合における限度額、労働者が使用者に費用を請求する場合の請求方法等については、あらかじめ労使で十分に話し合い、企業ごとの状況に応じたルールを定め、就業規則等において規定しておくことが望ましい。」

※7：厚労省の「テレワークの適切な導入及び実施の推進のためのガイドライン」（令3.3.25）では、テレワークを行う作業場が従業員の自宅の場合には、事業所衛生基準規則（（昭和47年労働省令第43号）、労働安全衛生規則（一部、労働者を就業させる建設物その他の作業場に係る規定）及び「情報機器作業における労働衛生管理のためのガイドライン」（令和元年7月12日基発0712第3号）は一般には適用されないとしつつも、従業員の安全衛生に配慮したテレワークが実施されるよう、これらの衛生基準と同等の作業環境となるよう、テレワークを行う従業員に教育・助言等を行い、自宅等の作業環境に関する状況の報告を求めるとともに、必要な場合には、労使が協力して改善を図るまたは自宅以外の場所（サテライトオフィス等）の活用を検討することが重要であると定めている。

※8：テレワークガイドラインでは、テレワーク勤務においても安全衛生関係法令の遵守を企業に求めており、従業員の安全と健康の確保のために以下の措置を講ずることを定めている。

▶健康相談を行うことが出来る体制の整備（労働安全衛生法第13条の3）
▶労働者を雇い入れたときまたは作業内容を変更したときの安全または衛生のための教育（労働安全衛生法第59条）
▶必要な健康診断とその結果等を受けた措置（労働安全衛生法第66条から第66条の7まで）
▶過重労働による健康障害を防止するための長時間労働者に対する医師による面接指導とその結果等を受けた措置（労働安全衛生法第66条の8及び第66条の9）及び面接指導の適切な実施のための労働時間の状況の把握（労働安全衛生法第66条の8の3）、面接指導の適切な実施のための時間外・休日労働時間の算定と産業医への情報提供（労働安全衛生規則（昭和47年労働省令第32号）第52条の3）
▶ストレスチェックとその結果等を受けた措置（労働安全衛生法第66条15の10）
▶労働者に対する健康教育及び健康相談その他労働者の健康の保持増進を図るために必要な措置（労働安全衛生法第69条）

※9：テレワーク勤務で必須となる情報機器を使用しての作業については、「情報機器作業における労働衛生管理のためのガイドライン」（厚労省令1.7.12）において、作業環境や健康管理について詳細に定めている。

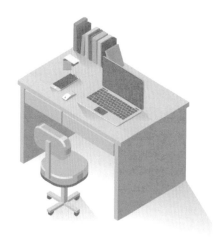

自宅等でテレワークを行う際の作業環境整備

部屋 設備の占める容積を除き、**10㎡以上の空間**
（参考条文：事務所衛生基準規則第2条）

照明 ・机上は**照度300ルクス以上**とする
（参考条文：事務所衛生基準規則第10条）

窓
・窓などの換気設備を設ける
・ディスプレイに太陽光が入射する場合は、窓にブラインドやカーテンを設ける
（参考：事務所衛生基準規則第3条、情報機器作業における労働衛生管理のためのガイドライン）

椅子
・安定していて、簡単に移動できる
・座面の高さを調整できる
・傾きを調整できる背もたれがある
・肘掛けがある
（参考：情報機器作業における労働衛生管理のためのガイドライン）

その他 作業中の姿勢や、作業時間にも注意しましょう！
・椅子に深く腰かけ背もたれに背を十分にあて、足裏全体が床に接した姿勢が基本
・ディスプレイとおおむね40cm以上の視距離を確保する
・情報機器作業が過度に長時間にならないようにする
（参考：情報機器作業における労働衛生管理のためのガイドライン）

室温・湿度
・気流は0.5m/s以下で直接、継続してあたらず
**室温17℃～28℃
相対湿度40%～70%**
となるよう努める
（参考条文：事務所衛生基準規則第5条）

PC
・ディスプレイは**照度500ルクス以下**で、輝度やコントラストが調整できる
・キーボードとディスプレイは分離して位置を調整できる
・操作しやすいマウスを使う
（参考：情報機器作業における労働衛生管理のためのガイドライン）

机
・必要なものが配置できる広さがある
・作業中に脚が窮屈でない空間がある
・体型に合った高さである、又は高さの調整ができる
（参考：情報機器作業における労働衛生管理のためのガイドライン）

情報機器作業とは、パソコンやタブレット端末等の情報機器を使用して、データの入力・検索・照合等、文章・画像等の作成・編集・修正等、プログラミング、監視等を行う作業です。

※ なおこの作業環境整備のベースになっているのは「情報機器作業における労働衛生管理のためのガイドライン」（令1.7.12）である

（別紙2）自宅等においてテレワークを行う際の作業環境を確認するためのチェックリスト【労働者用】

1 　このチェックリストは、自宅等においてテレワークを行う際の作業環境について、テレワークを行う労働
　者本人が確認する際に活用いただくことを目的としています。
2 　確認した結果、すべての項目に☑が付くように、不十分な点があれば事業者と話し合って改善を図るなどに
　より、適切な環境下でテレワークを行うようにしましょう。

すべての項目について【観点】を参考にしながら作業環境を確認し、当てはまるものに ☑ を付けてください。

1 　作業場所やその周辺の状況について

☐ 　（1）　作業等を行うのに十分な空間が確保されているか。

　　　　【観点】
　　　・作業の際に手足を伸ばせる空間があるか。
　　　・静的筋緊張や長時間の拘束姿勢、上肢の反復作業などに伴う疲労やストレスの解消のために、体操やストレッチを適切に行う
　　　　ことができる空間があるか。
　　　・物が密集している等、窮屈に感じないか。

☐ 　（2）　無理のない姿勢で作業ができるように、机、椅子や、ディスプレイ、キーボード、マウス等
　　　　　について適切に配置しているか。

　　　　【観点】
　　　・眼、肩、腕、腰に負担がかからないような無理のない姿勢で作業を行うことができるか。

☐ 　（3）　作業中に転倒することがないよう整理整頓されているか。

　　　　【観点】
　　　・つまづく恐れのある障害物、畳やカーペットの継ぎ目、電源コード等はないか。
　　　・床に書類が散らばっていないか。
　　　・作業場所やその周辺について、すべり等の危険のない、安全な状態としているか。

☐ 　（4）　その他事故を防止するための措置は講じられているか。

　　　　【観点】
　　　・電気コード、プラグ、コンセント、配電盤は良好な状態にあるか。配線が損傷している箇所はないか。
　　　・地震の際などに物の落下や家具の転倒が起こらないよう、必要な措置を講じているか。

2 　作業環境の明るさや温度等について

☐ 　（1）　作業を行うのに支障ない十分な明るさがあるか。

　　　　【観点】
　　　・室の照明で不十分な場合は、卓上照明等を用いて適切な明るさにしているか。
　　　・作業に使用する書類を支障なく読むことができるか。
　　　・光源から受けるギラギラしたまぶしさ（グレア）を防止するためにディスプレイの設置位置などを工夫しているか。

☐ 　（2）　作業の際に、窓の開閉や換気設備の活用により、空気の入れ換えを行っているか。

☐ 　（3）　作業に適した温湿度への調整のために、冷房、暖房、通風等の適当な措置を講ずることができるか。

　　　　【観点】
　　　・エアコンは故障していないか。
　　　・窓は開放することができるか。

☐ 　（4）　石油ストーブなどの燃焼器具を使用する時は、適切に換気・点検を行っているか。

☐ 　（5）　作業に支障を及ぼすような騒音等がない状況となっているか。

　　　　【観点】
　　　・テレビ会議等の音声が聞き取れるか。
　　　・騒音等により著しく集中力を欠くようなことがないか。

3 　休憩等について

☐ 　（1）　作業中に、水分補給、休憩（トイレ含む）を行う事ができる環境となっているか。

4 　その他

☐ 　（1）　自宅の作業環境に大きな変化が生じた場合や心身の健康に問題を感じた場合に相談する窓口
　　　　　や担当者の連絡先は把握しているか。

※ 　ご不明な点がございましたら、お近くの労働局又は労働基準監督署の安全衛生主務課にお問い合わせください。

記　入　日：令和　　　年　　　月　　　日

記入者職氏名：

R3.3.25版

規定例 9 在宅テレワーク実施のための規定（情報セキュリティ対策）

（テレワーク勤務時の服務規律）

第11条　テレワーク勤務者は、就業規則第12条及びセキュリティガイドラインに定めるもののほか、次に定める事項を遵守しなければならない。

(1)　テレワーク勤務の際に所定の手続に従って持ち出した会社の情報及び作成した成果物を第三者が閲覧、コピー等しないよう最大の注意を払うこと。

(2)　テレワーク勤務中は業務に専念すること。

(3)　第1号に定める情報及び成果物は紛失、毀損しないように丁寧に取扱い、セキュリティガイドラインに準じた確実な方法で保管・管理しなければならないこと。

(4)　在宅勤務中は自宅以外の場所で業務を行ってはならないこと。

(5)　モバイル勤務者は、会社が指定する場所以外の場所において、パソコンを作動させたり、重要書類を閲覧してはならないこと。

(6)　モバイル勤務者は、公衆無線LANスポット等漏えいリスクの高いネットワークへの接続をしてはならないこと。

(7)　テレワーク勤務の実施に当たっては、会社情報の取扱いに関し、セキュリティガイドライン及び関連規程類を遵守すること。

（通信等の禁止）

第19条　テレワーク勤務者は、労働時間外（有給休暇取得日、欠勤日、休日を含む。以下、本項において同じ。）においては、次の各号に掲げる行為をしてはならない。ただし、第15条に規定する会社所定の手続により、事前に所属長の許可を受けた場合には、この限りでない。

(1)　パソコン、タブレット端末等の情報通信機器を用いて、会社のサーバーへ接続する行為

(2)　業務用電子メールの送受信またはメッセージサービスを使用する行為

2．テレワーク勤務者は、会社より貸与を受けた情報通信機器等を使用する場合には、その労働時間外においては、情報通信機器等の電源を必ず切らなければならない。

（私用メールの使用禁止等）

第20条　テレワーク勤務者は、業務上の連絡または報告を行うにあたり、私用の電子メールアドレス、チャットツール、メッセンジャーその他の通信用アプリケーションを使用してならず、会社が提供または貸与した電子メールアドレス、チャットツール、メッセンジャーアプリケーション（以下「業務用通信アプリケーション等」という。）のみを使用しなければならない。

（業務用通信アプリケーション等の使用）

第21条　テレワーク勤務者は、会社が提供または貸与した業務用通信アプリケーション等の使用にあたっては、次の各号に掲げる方法を遵守する。

　⑴　電子メールアドレス

　　①　テレワーク勤務者が、顧客または取引先の担当者その他の第三者に対して電子メールを送信する場合には、CCまたはBCCに所属長及びテレワーク勤務者の担当業務を共同で担当する従業員を加えること。

　　②　顧客または取引先の担当者その他の第三者から受信したメールに対して返信する際には、受信したメールの内容を必ず引用した状態でのスレッド返信とすること。

　⑵　チャットツール

　　グループチャット機能のみを用いるものとし、所属長及びテレワーク勤務者の担当業務を共同で担当する従業員を当該グループに加えること。

　⑶　メッセンジャーアプリ

　　原則として使用しないこと。ただし、業務上の事由その他やむを得ない場合には、メッセンジャーアプリを使用することができる。この場合であっても、メッセンジャーアプリを使用してやりとりする内容は、事務的、定型的な伝達事項等にとどめること。

　2．テレワーク勤務者は、業務用通信アプリケーション等の通信履歴及び通信内容について、所属長の許可なく削除してはならない。

　3．会社は、業務用通信アプリケーション等が適切に業務使用されているか否かを確認するために必要があると認めるときは、業務用通信アプリケーション等の通信ログ及び通信内容を確認することがある。この場合、テレワーク勤務者は、会社が通信ログ及び通信内容を確認することを拒んでは

ならない。

（ログインID及びパスワードの管理）

第22条 テレワーク勤務者は、情報通信機器等のログインID及びパスワードを厳重に管理しなければならない。

（アカウント停止）

第23条 会社は、テレワーク勤務者が業務上使用するパソコンまたはタブレット端末等を用いて会社のデータまたは情報を不正に使用し、外部に開示し、若しくは漏えい（以下「不正使用等」という。）し、またはこれらのおそれがあると認めるときは、直ちに、当該テレワーク勤務者による会社のデータまたは情報の使用等の停止その他必要な措置を講じさせ、または当該テレワーク勤務者に提供したアカウントを停止させるとともに、当該パソコンまたはタブレット端末等を返却させるものとする。

（情報通信機器等の盗難等の防止）

第24条 テレワーク勤務者は、会社のサーバー、データまたは情報へアクセスすることができるパソコンまたはタブレット端末等を管理または保管するにあたっては、セキュリティワイヤー等により固定するなど、盗難または紛失の防止のために必要な措置を講じなければならない。

（社内教育）

第33条 会社は、テレワーク勤務者に対して、定期または必要に応じて随時、情報セキュリティ対策に関する知識習得及び実践力取得のための教育訓練を行うものとし、テレワーク勤務者は、業務上の事由その他正当な事由がない限り、受講しなければならない。

2．テレワーク勤務者は、前項に規定する教育訓練を受講するほか、自ら情報セキュリティ対策に関する知識及び実践力の向上に努めなければならない。

（3項省略）

9　情報セキュリティ

> 企業の目の届かない自宅等で、企業の保有するサーバー内のデータにアクセスを許容する在宅勤務等では、いかにして企業の情報セキュリティ対策を講ずるかが重要な課題です。不断の教育啓蒙活動をこれまで以上に実施することと、システム的に情報漏洩等が起こりにくい仕組みを構築することが在宅勤務等では必須だといえます。

テレワーク実施の大きなハードルの一つが、情報セキュリティ対策です[※1]。自宅やコワーキングスペース等で従業員が就業する場合、企業の情報・データが外部に漏洩する危険は高まります。可能な限り、外部への情報漏洩や企業への不正アクセスが発生しない仕組み（システム）を構築することが必須になってきます[※2]。

ポイント▶ テレワークの服務規律

就業規則には服務規律が設けられていますが、テレワーク勤務を実施する場合には一般的な服務規律に加えて、情報セキュリティの観点での遵守事項を明確に規定しておくことが必要になります。ほぼ全ての企業において共通するであろう一般的な遵守事項は規定例9第11条に記載されているものですが、企業が採用しているテレワークの実態に則した内容を定める必要があります。すべてをテレワーク規程に盛り込むことは困難ですので、企業においてセキュリティガイドラインなどをそれぞれ設けるようにし、テレワーク規程の中に「テレワーク勤務の実施に当たっては、会社情報の取扱いに関し、セキュリティガイドライン及び関連規程類を遵守すること」【規定例9第11条第1項(7)】などと定めておくことが有益です。

ポイント▶ 通信制限等

情報セキュリティの観点からは、従業員が自宅でデータを保有する状態や、第三者がなりすまして会社のサーバーにアクセスできるような事態は回避しなければなりません。就業規則やテレワーク規程で禁止事項として定めることも必要ですが、根本的な対策は企業側でシステム的に解決するべき事項だといえます[※3]。

就業時間外における企業へのサーバーへのアクセスを禁止する【規定例9第19条第1項】のも、従業員に遵守を求めるだけでなくログインしようとしてもできなくするシステム設計にする方が効果的です[※4]。ただし、従業員が就業時間外に顧客や同僚とのやり取りをするためにプライベートのメールやメッセンジャー

を利用するとなると、企業のシステム設計だけでは対応ができなくなります。就業規則やテレワーク規程において明確な禁止事項として定めておく必要はあるといえます【規定例９第20条】。その上で、メールやメッセージのやり取りにはかならず上司も加えるなどのルールとすることで、個々の従業員と取引先や関係者とのやり取りに不自然さがないかなどの監視が及ぶようにし、メールやメッセージの内容は企業も監視する仕組みも併せて導入することが有益です【規定例９第21条第３項】。

通信制限をより簡単に導入するものとしてはクラウドの活用が挙げられます。クラウドの管理においては従業員ごとにアクセス制限を設けることもできます。また、昨今はクラウドの利用料金もかなり廉価になってきているため、初期費用を抑えながら効果的なセキュリティ対策を講ずることも期待できます(※5)。

ポイント▶ 盗難防止策

従業員が企業のサーバーにアクセスするためのID・パスワードの管理は厳重にするのが当然ですが【規定例９第22条】、従業員がいくら気をつけていてもミスを完全に防止することは不可能だといえます。また、故意に人のID・パスワードを盗み取る人やハッカーなどもいます。IDとパスワードのみではそもそもユーザー（目の前でPCを操作している人）が本人

なのかどうかの認証はしきれません。生体認証チップを組み込んだ外付USBメモリを挿入しないとPCからサーバーにアクセスできなくするなどのセキュリティ策を講ずるのが有用です。

従業員によるPC等の紛失・盗難対策も必要ですが【規定例９第24条】、オフィスビルなどと比べて個人の居宅はもともと防犯耐性が低いものです。従って、盗難などが疑われる場合には、管理者が即時にその従業員のアカウント閉鎖をする監視体制を構築しておくことも必須です。これらは、在宅勤務等の場合に限ったものではなく、平時のオフィスにおける情報管理にも有益なものとなりますので、在宅勤務等の実施にあたって積極的に取り組むようにするべきです。

ポイント▶ 平時からの教育啓蒙

企業がシステム的に情報セキュリティを実行することは極めて重要ですが、なぜ情報セキュリティが重要なのかの意識がない従業員がいると、人的要因でセキュリティが崩されることが珍しくありません。「定期または必要に応じて随時、情報セキュリティ対策に関する知識習得及び実践力取得のための教育訓練を行う」【規定例９第33条第１項】など、不断の教育啓蒙も行い、従業員のモラルや注意力を高めることも併せて実施する必要があります。

注釈

※1：テレワークにおける情報セキュリティについては、総務省が「テレワークセキュリティガイドライン」（第5版・令和3年5月31日）、「中小企業等担当者向けテレワークセキュリティの手引き（チェックリスト）」（第2版・令和3年5月31日）を出しているので、具体的な対策などについてはこれを参考にすることが有益である。

https://www.soumu.go.jp/main_sosiki/cybersecurity/telework/

※2：これは在宅テレワーク特有の問題ではなく、オフィス・店舗におけるセキュリティ対策としても必須のものである。情報を漏洩するミスを犯した従業員を懲戒処分するなどしても、現に流出した機密情報をなかったことにすることはできないのであり、企業が被る損失は青天井にもなりかねない。従業員の指導啓蒙は不可欠であるが、それだけでは情報セキュリティは成り立たず、いかに堅牢なセキュリティシステムを構築するかは企業のリスク回避策として必須のものとなっている。

※3：従業員のミスとはいえない原因で企業の機密情報が漏洩する事件は多発しており、カプコン、三菱重工、鹿島建設、キーエンスなどの名だたる企業が次々とランサムウェアなどによるハッキング被害を受けているのが現状である。アメリカの「コロニアルパイプライン」を攻撃したサイバー集団（ダークサイド）は、ビジネスモデルとしてハッキングをして

おり、中小企業に対しては中小企業が支払いできるであろう身代金（暗号化したデータの解除コードを渡すためにビットコインなどでの支払い）を要求しており、大企業だけの問題ではない。情報セキュリティに無防備な企業は裸で戦場にいるも同然といわれ、我が身は自身で守るのは企業にとってはもはや当然の話である。

※4：従業員による企業のサーバー（データベース）への時間的アクセス制限を設けることは、同時に従業員の見えない残業（就業時間外に仕事をしていても在宅テレワークでは判明しにくい）を防止する効果も大きい。

※5：クラウドの普及により、社内にサーバーを設置して事業所外からのアクセス設定を設けるよりも廉価に従業員のPCからの会社のデータの接続を管理できるようにハードルが下がっている。メールサーバーの設置、運用もSEなどの専門技術者でなくてもできるようになっており、導入は容易である。200名以下の従業員の企業であれば、メールサーバーはドメイン取得（@の後ろに企業名などをつける）を含めても月額1万円程度のコストで実現できる。

　いうまでもないが、セキュリティ対策を適切に講ずるためのクラウド利用の場合、運営会社の選定も重要であるとともに、無償提供されているサービスは薦められるものではない。

（社内教育）

第33条 （1、2項略）

3．会社は、第1項の情報セキュリティ教育の他に、テレワーク勤務者が適切なテレワーク勤務を実施できるために必要となる施策を講じ、必要となる教育訓練を実施する。

（災害補償）

第34条 会社はテレワーク勤務者の自宅での業務中の災害発生においては、適切な補償を実施する。

10 コロナ後のテレワークの定着

コロナウイルス感染が始まってから1年半以上が経ち、人との接触を禁止するために事実上の出勤停止策としてのテレワーク勤務の導入という段階は終わったといえます。そのため、コロナ禍を脱却して以降にもテレワーク勤務を継続的に導入・拡大するのかについては各企業の方向性も分かれています。

企業側においてもニューノーマルの典型が在宅勤務です。通勤の負担が減り介護や育児などをする社員の働きやすさも向上すると積極的に評価する企業がある一方で、テレワーク勤務で成果が出る仕事とそうでない仕事もあり、コミュニケーションの問題もあるとする企業もあります。現実に、コロナウイルスの感染が拡大して以降に実施したものの、現在は取りやめた企業も少なくありません。

テレワーク勤務が定着するための課題としては、コミュニケーション、ハラスメント対策、業務分担、評価制度整備などが挙げられています。特に、上司の評価に不安を覚える従業員の声が多く挙がっていることや、年代別に見た場合のはたらく幸せの実感が20代でテレワーク実施後に下がっているなど、テレワーク勤務の効果が二極化していることには注意が必要だといえます。

ポイント◎ テレワーク勤務推進施策

テレワークという勤務形態を実施するためのスキルを従業員に身につけさせる

ための教育訓練が必要なのはいうまでもありません[※1]。このような技術的教育だけではテレワーク勤務は根付かないといえます。厚労省のガイドラインにも「企業は、各労働者が自律的に業務を遂行できるよう仕事の進め方の工夫や社内教育等によって人材の育成に取り組むことが望ましい」、「労働者が自律的に働くことができるよう、管理職による適切なマネジメントが行われることが重要であり、テレワークを実施する際にも適切な業務指示ができるようにする等、管理職のマネジメント能力向上に取り組むことも望ましい」とあるように、業務マネジメントのための教育訓練、特に管理職への教育が重要になってきます。

規定例10第33条第3項では「テレワーク勤務者が適切なテレワーク勤務を実施できるために必要となる施策を講じ、必要となる教育訓練を実施する」ことを会社の責務として掲げるようにしたのは、このような実態を意識してのものとなります。

ポイント▶ 人材育成・評価

人事評価に関する事項は、就業規則やテレワーク規程などに明記して盛り込むのは馴染まない事項です。本書のテレワーク規程にもこれは盛り込んではいません。しかしながら、テレワーク勤務を推進していく上で、上記のように人事評価に対する従業員の不安を払拭すること

は重要です。

人事評価については、企業ごとにそれぞれの経営理念、現実の評価運用などがまちまちだと思いますので、具体的な基準などを掲げることは困難です。ただし、テレワーク勤務の特性として、「非対面」というものがありますので、オフィス・店舗に実出勤している場合以上に、従業員の業務遂行状況の適切な把握や、評価のあり方について透明性を高めることは必要になってくるといえます。厚労省のテレワークガイドラインにおいても「例えば、上司は、部下に求める内容や水準等をあらかじめ具体的に示しておくとともに、評価対象期間中には、必要に応じてその達成状況について労使共通の認識を持つための機会を柔軟に設けることが望ましい。特に行動面や勤務意欲、態度等の情意面を評価する企業は、評価対象となる具体的な行動等の内容や評価の方法をあらかじめ見える化し、示すことが望ましい」としています[※2]。

対面での就業となる実出勤と、非対面のテレワークとで評価基準を分けた方が良いのか、同一のままの方が良いのかも、企業ごとの事情で異なります。別基準にしても構いませんし、その方が適切な評価に繋がる場合もあります。

ポイント▶ テレワーク勤務と労災

テレワーク勤務であっても企業の指揮監督下において業務に従事しているので

すから、なんらかの事故・疾病に至った場合には労災補償の対象になってきます。敢えてテレワーク規程に盛り込まなくても当然のことですが、**規定例10第34条**のようにテレワーク勤務でも実出勤の勤務と同様に労災の対象になることは明らかにしておくのが良いといえます。

とはいえ、在宅で非対面の場合には、何が原因で事故や病気になったのか、業務上の災害といえるのか（業務起因性があるのか）の把握は非常に難しくなります。過剰残業事案であれば、PCやタブレット端末等のログから実際の労働時間を算出するということもできます。しかし「神経痛」、「自律神経失調症」などを発症したという場合、何が原因なのかはオフィス・店舗での実勤務の場合ですら把握が難しいものです。テレワーク勤務の場合にはなおさら労災認定も難しくなると考えられます[※3]。企業側、従業員側双方が、適切に就労状況の記録を残し、保存しておくような運用を心がけることが重要になってきます。

注釈

※1：テレワークガイドラインでは「テレワークを実施する際には、新たな機器やオンライン会議ツール等を使用する場合があり、一定のスキルの習得が必要となる場合があることから、特にテレワークを導入した初期あるいは機材を新規導入したとき等には、必要な研修等を行うことも有用である」としている。

※2：このほかにも、「人事評価の評価者に対しても、非対面の働き方において適正な評価を実施できるよう、評価者に対する訓練等の機会を設ける等の工夫が考えられる」とするほか、「テレワークを実施している者に対し、時間外、休日又は所定外深夜（以下「時間外等」という。）のメール等に対応しなかったことを理由として不利益な人事評価を行うことは適切な人事評価とはいえない」などともされている。

※3：テレワーク勤務の従業員に対する労災補償においては、「私的行為等業務以外が原因であるものについては、業務上の災害とは認められない。在宅勤務を行っている労働者等、テレワークを行う労働者については、この点を十分理解していない可能性もあるため、使用者はこの点を十分周知することが望ましい」（テレワークガイドライン）とされる。

chapter

3

通勤方法の変更

" 「痛勤」電車での通勤が当たり前だった日常も、在宅テレワークの導入、時差出勤の拡大などで変化してきています。都市部では消極的であったマイカー通勤を取り入れる企業も出てきています。

マイカー通勤では、事故発生時の企業の責任を避けて通ることができなくなります。従業員の個人的な事故と、企業の業務下における事故とを可能な限り峻別することと、そもそも事故を起こさせないためのルールを厳格に運用することが必要になってきます。

規定例 11 ┃ マイカー通勤規定の就業規則への追加

（自家用車両の使用）

第70条 労働者は、会社が許可した場合に限り、自宅から会社までの通勤のために自家用車両を使用することができる。

2．労働者は、通勤のために自家用車両を使用しようとする場合には、所属長に対し、会社所定の許可申請書を提出する方法により申請し、所属長の許可を受けなければならない。

3．前項に規定する許可を受けた労働者は、次の各号に掲げる事項を遵守しなければならない。

⑴ 自家用車両の運行にあたっては、道路交通法その他の交通法規を遵守し、交通事故の発生を防止するために最大の注意を払うこと。

⑵ 通勤途中において交通事故が発生した場合には、会社に対し、速やかに通報するとともに、会社の指示に従うこと。

⑶ いかなる理由があっても、会社の特別の許可なくして、自家用車両を会社の業務のために使用してはならないこと。

⑷ 会社が提供または指定した駐車場または駐車場所以外に駐車してはな

らないこと。

⑸　自家用車両の整備及び点検を常時行うこと。

⑹　許可を受けた労働者以外の労働者の通勤に使用させ、または同乗させてはならないこと。

⑺　前2号に掲げるもののほか、会社が別途定める細則を遵守すること。

（事故の補償）

第71条　会社は、次の各号に定める事故のいずれかに該当する場合には、一切その責任を負わない。

⑴　自家用車両を使用した通勤途中の事故

⑵　自家用車両を使用して私用外出した場合の事故

⑶　自家用車両の駐車中における破損、盗難または自然災害による事故

⑷　就業規則または会社が別途定める細則に違反している間に起こした事故

規定例 12　マイカー通勤細則の一部

（自家用車両）

第3条　本細則でいう自家用車輌は、道路交通法で定める車輌のうち、普通乗用車及び自動二輪車をいう。

（車輌の管理）

第4条　自家用車両の管理は、総務部において行う。

（車輌使用基準）

第5条　自家用車両での通勤を希望する従業員に対して、会社は以下の基準に照らして使用許可を与える。

⑴　免許取得後、運転経験が1年を超えていること

⑵　自宅から会社までの通勤経路が片道4km を超えていること（ただし、公共交通機関の経路により4km 以下の場合でも自家用車両による通勤の必要性が高いと会社が判断した場合を含む）

(3) 直近5年以内に道路交通法違反で免許停止、免許取消処分を受けていないこと

(4) 直近10年以内に交通違反により罰金刑以上の刑を受けていないこと

(5) 通勤使用に不適当な車両（特殊車両、改造車、整備不良車両等）でないこと

(6) 対人無制限・対物200万円以上の任意保険に加入していること

(7) その他自家用車両での通勤が不適当と認められる事情がないこと

（駐車場の使用）

第6条 自家用車両は、会社が指定し、または従業員が会社に届出をして会社が承認をした駐車場または駐車場所に駐車しなければならない。

2. 会社が指定した駐車場または駐車場所の契約が満車等の場合は、前条による使用許可が出されている場合といえども、自家用車両による通勤は認められない。

3. 駐車中における車両の破損、盗難、自然災害等よる被害または事故については、会社は一切その責任を負わない。

（業務への使用禁止）

第11条 従業員は、いかなる場合においても、自家用車両を会社の業務のために使用してはならない。ただし、会社が特に必要と認めた場合はこの限りではない。

（通勤者の義務）

第12条 自家用車両通勤者は次の事項を遵守しなければならない。

(1) 本細則の他、自家用車両通勤に関する会社の定めに従うこと

(2) 会社が指定しまたは承認した駐車場また駐車場所以外に駐車しないこと

(3) 出社時には所属長または総務担当者に自家用車両の鍵を預けること。

(4) 車輌の整備・点検を常時行うこと

(5) 申請者以外の従業員の通勤に使用させ、または相乗り運転をしないこと

(6) 道路交通関係法規を遵守し、安全運転を行うこと

(7) 自家用車両通勤の許可書を携帯すること

（事故の補償）

第13条 自家用車両通勤の通勤途上の事故及び自家用車両の使用による私用外出した場合の事故に関しては、会社は一切その責任を負わない。

※ 規定例12「マイカー通勤細則」は巻末付録として掲載しておりません。

三密回避のためのマイカー通勤

コロナウイルスの感染予防のためには、三密を回避することが基本だとされています。我が国の大都市圏では、公共交通機関（電車・バス）を用いての通勤が一般的であり[※1]、企業のオフィス・店舗でいかにコロナウイルスの感染防止策を講じたとしても、出勤するまでの間の感染リスクを回避しない限り、感染防止効果は果たせないともいえます[※2]。

そのため、そもそも通勤をしないテレワーク勤務の導入が積極的に推進されているのですが、現実にオフィス・店舗等に出勤しなければならない業種もあります。そのような企業においては、三密を回避する通勤手段として、希望する従業員に対してはマイカー通勤（バイク等も含む）への変更を認めることも検討しなければなりません。また、その時々の社会の感染状況を踏まえて企業が積極的にマイカーでの通勤を推奨した方が良い場合も出てくるかもしれません[※3]。

マイカー通勤は感染防止策としてだけでなく、従業員の通勤の負担を軽減する施策としての効果もあります。「痛勤」とも言われるラッシュアワーでの公共交通機関の使用は、コロナ禍が収まって以降も敬遠されると推測されます[※4]。設備環境が許す限り、マイカー通勤の推進を図ることも企業の取るべき姿勢であるといえます。

ポイント▶ マイカーの業務使用の禁止

これまで企業がマイカー通勤には消極的であった理由は、大都市圏ではそもそも物理的に駐車場を確保できないところが多いという制約もありますが、一番の理由はマイカーでの事故発生時の対応に苦慮することにあったといえます[※5]。

マイカーであれ、業務用車両であれ、従業員が企業の業務の遂行にあたって事故を起こした場合には、雇用主である企業もその事故に対する責任を負うことになります。また、事故に巻き込まれた場合であれ、自ら事故を起こした場合であれ、従業員が死傷した場合にはそれに対

する補償が発生します。そして、この補償は通勤時においても一定の場合に発生します（※6）。

第三者に対する人損・物損を与えた場合には、事故を起こした従業員を雇用しているということを理由として企業が直接に被害者に対する責任を負うことになります（使用者責任）。企業が保有する業務用車両であれば、その車両の所有者・使用者としても直接の責任を負うことになります（運行供用者責任）。

マイカーの場合、車の管理は従業員個々人が行っているため、企業が知らないところで従業員がマイカーで取引先のところに出向いていて事故を起こしたというような場合であっても、これらの責任が発生してしまいます。従って、マイカー通勤を認める場合であっても「通勤に限定」し「業務上の使用」は認めないことを厳格に実施することが必要になってきます。

業務中に交通事故が発生した場合
①従業員に対する責任
　・安全配慮義務違反（不法行為）
　・労働災害による補償
②第三者（被害者）に対する責任
　・使用者責任（民法第715条）
　・運行供用者責任（自賠法第3条）

マイカーの業務上使用の禁止を徹底することが重要

就業規則で「いかなる理由があっても、会社の特別の許可なくして、自家用車両を会社の業務のために使用してはならない」【規定例11第70条第3項(3)】と定め、さらにマイカー通勤細則例でも「従業員は、いかなる場合においても、自家用車両を会社の業務のために使用してはならない」【規定例12第11条】と定めるのはそのためです。また、禁止すると決めるだけでなく、現実に業務に使用できないような措置を講ずることも重要です。出社後は退社までマイカーを使用できないように「出社時には所属長または総務担当者に自家用車両の鍵を預けること」【規定例12第12条(3)】などの方法を取ることもその一つとして考えられます。

マイカーの業務上使用を厳しく禁止させることが絶対的に必要だと説明をしました。しかし、第三者に対する被害への補償においては、通勤中の交通事故においても企業の使用者責任が認められた事案もあります（※7）。特に運行供用者責任については、マイカー通勤を容認していた場合には企業の責任も認める最高裁判所の判断があります（最判 平1.6.6）（※8）。常に企業の責任が発生する訳ではありませんが、業務との密接性があるとされると、通勤時の事故においても企業は責任を免れることができないことがあるという認識は必要だといえます。

従って、マイカー通勤を認める場合には、事故を発生させないための施策と、

万一事故が発生した場合に備えた担保措置を講ずるべきことを理解しておく必要があります。

> **マイカー通勤を認める場合**
> ・事故発生を防止するための措置
> ・万一の事故発生時への制度的対応を講ずることが必要

ポイント▶ 事故防止策

交通事故を0にすることは現実には不可能だといえますが、可能な限り減らす（不用意な事故が発生しないようにする）ことは可能です。

そもそも交通事故を起こす可能性が高い従業員に対してはマイカー通勤を認めないようにし、マイカー通勤を許可する条件を定めることもその一つの方法です。初心者マークが外れていない従業員や、過去に重大な交通違反などをしている従業員に対しては許可をしないなどの基準を設けることは有益だといえます【規定例12第5条】。

また、車両そのものの不具合による事故の誘発を防ぐため「車輌の整備・点検を常時行うこと」【規定例11第70条第3項(5)・規定例12第12条(4)】などは、当然のことであっても規定化しておくべきです(※9)。

現実の運用は難しいところがあるかもしれませんが、マイカー通勤者に対しては定期的な健康管理措置を命ずる（安全衛生法による健康診断以外にも定期的な健康診断を受けさせる、定期的に上司が健康状況の確認をする、長時間就労があった翌日はマイカー通勤を制限させるなど）ことも検討すると良いと考えられます。

ポイント▶ 事故発生時の制度的対応

事故防止策を講じていても交通事故は不可避的に発生してしまいます。

被害者を増やさないために、マイカー通勤の申請者本人以外の同乗は禁止させるなどの措置を講ずることも重要です。いわゆる「好意同乗者」と呼ばれるものですが、「せっかくだから会社まで一緒に乗せていってあげる」と言われて同乗した他の従業員に対してであっても、「無償で乗せてもらったのだから」と補償をしないで済むことにはなりませんし、単なる便乗・同乗者に過ぎないとして保証額を減額することも認められません（大阪地裁 平18.4.25）。従って、夫婦ともに従業員であるようなケースなどを除けば、同乗はそもそも禁止するという扱いを取るのが適当だと考えられます。

好意同乗者であろうと第三者であろうと、実際に死傷の結果を及ぼしてしまえば、損害を補填する義務が発生します。一般的には従業員個人よりも雇い主である企業の方が財力があるため、被害者は、加害者個人（従業員）よりも使用者責任を負う企業に対して損害賠償を求めてく

るということを考えておかなければなりません。しかし、企業であっても死亡事故への賠償ともなれば経済的負担が重いことに変わりありません。損害賠償金を支払えずに企業の資産（オフィス等の不動産、取引先への売掛金債権など）を差し押さえられることになれば、一気に倒産することすら起こり得ます。そのような事態を回避するためには損害保険に加入しておくことが必須です。自賠責保険（保険額上限3000万円）では重大事故への賠償には不十分のため、任意保険に加入することが必要です。しかし車両（マイカー）の所有者・使用者でない企業が任意保険に加入することはできませんので、マイカー通勤の申請者本人に加入させることにします。「対人無制限・対物200万円以上の任意保険に加入していること」【規定例12 第5条(6)】などと規定しているのはそのためです。なお、マイカー通勤を企業が命ずる場合を除けば、任意保険の保険料負担は従業員の自己負担とすることで問題ないといえます。

ポイント❶ 賠償金の従業員への求償

マイカー通勤途中に発生した事故で、被害者（第三者）にその損害を企業が賠償した場合、事故を起こした張本人である従業員に対して賠償金の「求償」ができます[※10]。

企業が業務遂行のために車両の使用を命じていた場合と比べると、従業員が自分の利便のためにマイカーを使っている場合の通勤時の事故においては、企業自身の責任割合は低くなるといえます。被害者との関係で企業が一次的に責任を負うことになっても、最終的には事故を起こした従業員にその負担の大半を負わせる（企業が支払った賠償金を求償する）ことになると考えられます。このことを規定上も明確にしておくことは意味があるといえます。規定例11 第71条の定めや、「自家用車両通勤の通勤途上の事故及び自家用車両の使用による私用外出した場合の事故に関しては、会社は一切その責任を負わない」【規定例12 第13条】と定めているのはその趣旨です。

なお、従業員の落ち度が大きい場合の企業の免責のあり方を明確にしておくことも有益だといえます。例えば「就業規則または会社が別途定める細則に違反している間に起こした事故」【規定例11 第71条(4)】は企業負担を免責するとしているのは、任意保険に加入していなかった従業員に対しての賠償金の求償などを想定しています。

ポイント❶ 駐車場の確保

通勤に使用するマイカーのために会社の駐車場があれば特に問題はありません。しかし、これまで公共交通機関での通勤を当然としてきた企業の場合には、マイカー通勤者のための駐車場（用地）を持っていないのが通常だといえます。

都心部ではそもそも十分な駐車場を確保できない場合もありますので、物理的（設備的）制約からそもそもマイカー通勤制度を導入しないという選択肢もありますが、駐車場を従業員個々人が手配するのであれば、マイカー通勤を認めることはできるはずです。

この場合であっても、どこに駐車しても構わないということにするのではなく、駐車場所を企業が適切に把握しておくべきです。「従業員が会社に届出をして会社が承認をした駐車場または駐車場所に駐車しなければならない」【規定例12第6条第1項】などと規定するのはそのためです。

注釈

※1：雇用主である企業は従業員に対して通勤に必要となる交通費を手当として支給することが通常であるが、その手当の算出は、公共交通機関を用いての最短ルート（最も費用の安くなるルート）の通勤定期代とするのが通常である。混雑を迂回するルートや、特別車両（座席指定車両やグリーン車両）、高速バスやタクシーなどを通勤に利用する場合には従業員が交通費を自己負担とせざるを得ないため、否応なしに混雑する通勤電車を利用するということになる。

※2：緊急事態宣言下などで都道府県を超えての不要不急の移動をしないように政府から要請がなされているときに、なんら合理的な理由もなく公共交通機関を用いて平時（定時）に出勤することを求めていること自体が、企業として従業員の安全配慮義務を果たしていないのではないかという評価にもなりかねない。

※3：企業が負担する従業員の通勤手当の負担を変えずに三密を回避する方法として、時差出勤（シフト制など変形労働時間制の活用やフレックスタイム制の導入など）もある。コロナ禍以前からも従業員のワークライフバランスの観点から導入する企業は多くあるが、フレックスタイムといってもコア・タイム（必ず出勤して就業しなければならない時間帯）を設定するのが一般的であり、通勤時間の分散効果にも限界がある。そのため、テレワーク、時差出勤の他の選択肢としてマイカー通勤も加えることで三密回避の方法をより多くとすることには意味があるといえる。

※4：最近よく取り上げられるサスナビリティの観点（SDGs）においても、「SDGsの担い手として次世代・女性のエンパワーメント」が謳われている。この分野においては、「働き方改革」、「女性の活躍推進」、「ダイバーシティ・バリアフリーの推進」などが取り上げられる。より健康への負担が少ない通勤のあり方や、育児中の従業員が保育園への送り迎えをしやすい（あるいは企業が設けた保育所まで子供と一緒に来ることができる）通勤のあり方を考えると、満員電車での通勤ではなくマイカーでの通勤というものがおのずと選択肢にも加わってくることになる。

※5：通勤中の交通事故の場合、自動車保険と労災保険のいずれも適用されるが、双方から重ねて保険金を受け取ることはできない。自賠責保険の保険金が支払われた場合、その後に労災保険（補償の上限はない）を申請しようとしても、先に自賠責保険（上限3000万円）で補償された分の金額が控除される。逆に、先に労災保険を申請していると、自賠責保険

の補償金を受け取ることはできない。

※6：労災保険は業務災害の場合に限らず、「通勤災害」の場合も適用される。ただし、天災に起因するもの（台風での崖崩れなど）、第三者により惹起された災害（強盗犯による被害）は適用対象外となる。また、出勤と関係がない場合、例えば非就業日の事故や、通勤経路から離脱した場合（退社後にその足でショッピングモールに買い物に向かって事故にあった等）も適用対象外となる。

※7：従業員のマイカー通勤を禁止しており、現実の使用を容認もしていなかったという事案では、通勤中の交通事故に使用者責任も運行供用者責任も認めないのが通常である（例えば東京地裁 平16.3.24）。しかし、マイカー通勤を企業が認めている場合には、企業の使用者責任を認める傾向がある。マイカー通勤手当を支給しているなど、特に企業が積極的にマイカー通勤を認めている場合にはその傾向がより強くなるといわれている（例えば福岡地裁飯塚支部 平10.8.5）。

※8：最高裁の判断は、原審（高松高裁昭61.9.30）の判断を認めたもので、企業が従業員が寮から作業現場への通勤手段としてマイカーを利用することを黙認し、これにより事実上利益を得ており、

雇用者として従業員を会社の寮に住まわせ、会社の社屋に隣接する駐車場も使用させていたのであるから、「本件加害車の運行につき直接または間接に指揮監督をなしうる地位にあり、社会通念上もその運行が社会に害悪をもたらさないよう監視、監督すべき立場にあつた者ということができ」るとし、企業が運行供用者として、自賠法第3条本文に基づき人的損害を賠償すべき責任があるとした。

※9：車両管理については、業務の用に供する車両がある場合には、企業の責任でその整備点検などをしなければならない。
乗車定員が11人以上で車両1台以上を使用する営業所、もしくは定員に関わらず5台以上の車両を使用している場合、企業には安全運転管理者の選任が義務付けられている（道路交通法施行規則第9条の8）。

※10：企業が支払った賠償額を全額求償できるかは別問題となる。企業にもなんらかの責任があるとされれば、その分は従業員への求償額から減額されることになる。例えば、連日に渡って長時間勤務を強いており、健康管理を怠っていたため従業員が居眠り運転をしたような場合には、安全運転を阻害する状況を作った企業にも相当程度の責任があると判断される可能性がある。

chapter 4
就業体制変更に伴う 支給手当の変更

> 　就業体系が変わればそれに伴って各種手当てを見直す必要も出てきます。通勤手当もマイカー通勤や、出勤日限定の従業員に見合った制度に合わせなければなりません。自宅を就業場所とする在宅テレワークの従業員に対しては、業務利用に即した設備費用を企業が負担するのが公平です。
> 　従業員の働きやすい環境の構築・維持のためには、企業もそれに資する経済的負担をするという発想で支給手当の制度を見直すようにします。

規定例 13　支給手当の就業規則への追加〜マイカー手当

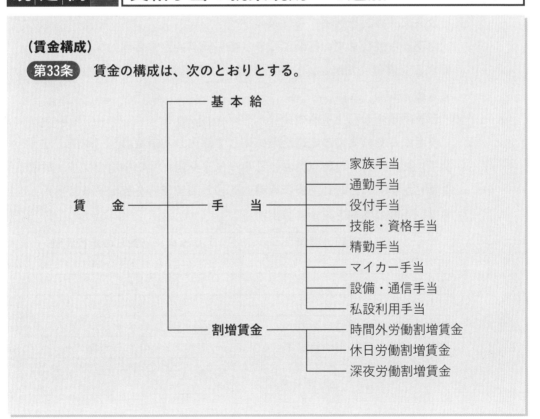

（賃金構成）

第33条　賃金の構成は、次のとおりとする。

- 賃　金
  - 基 本 給
  - 手　当
    - 家族手当
    - 通勤手当
    - 役付手当
    - 技能・資格手当
    - 精勤手当
    - マイカー手当
    - 設備・通信手当
    - 私設利用手当
  - 割増賃金
    - 時間外労働割増賃金
    - 休日労働割増賃金
    - 深夜労働割増賃金

（通勤手当）

第36条　通勤手当は、第20条に定める所定労働日のうち、週4日以上会社に現実の出勤をする労働者に対し、次の各号に定める基準に従って支給する。

(1)　公共交通機関を利用する労働者

自宅から会社までの区間につき、最も経済的かつ合理的な通勤経路に要する定期券購入費に相当する金額。ただし、定期券購入費が非課税限度額を超える場合には、これを限度とする。

(2)　自家用車両（普通乗用車、自動二輪車及び原動機付自転車をいう。以下同じ。）を使用する労働者

会社が別途定める基準による燃料代相当額

2．前項の規定にかかわらず、第20条に定める所定労働日のうち、会社への現実の通勤日数が週4日未満、又はテレワーク勤務に従事する労働者に対しては、毎月1日から当月末日までの実出勤日数につき、次の各号の定める交通費を実費精算し支給する。

(1)　公共交通機関を利用する従業員

自宅から会社までの区間につき、最も経済的かつ合理的な通勤経路に要する交通費（ただし、交通系ICカード利用時の交通費の金額をもって算出する）。

(2)　自家用車両を利用する従業員

自宅から会社までの走行距離に応じて算出した消費燃料（単位：リッター）に、毎月1日時点における1リッター当たりの平均ガソリン単価を乗じた金額。ただし、走行距離に応じた消費燃料を算出するに当たっては、下表の基準を用いて算出する。

自家用車両の種類	1リッター当たりの走行距離
排気量2000cc以上	12キロメートル
排気量2000cc未満	20キロメートル
軽自動車	25キロメートル
自動二輪・原動機付自転車	35キロメートル
電気自動車・燃料電池自動車	25キロメートル

※　EV（電気自動車）、FCV（燃料電池自動車）は、内燃機関を持たずに電気を動力源としたモーターにより走行する車両

（マイカー手当）

第40条 マイカー手当は、第70条の規定に基づく会社の許可を得て自家用車両を使用して通勤する労働者に対し、自家用車両の維持管理に要する費用に相当するものとして、次の各号に定める自家用車両の種類に応じて、当該各号に定める金額を支給する。

(1) 普通乗用車　　　　　　　　　　月額5000円

(2) 自動二輪車・原動機付自転車　　月額2000円

2．会社は、労働者が第70条の規定に基づく会社の許可を得て自家用車両を使用して通勤する場合において、会社が提供または指定する駐車場を利用することができないため、会社に隣接する駐車場を賃借する契約を締結した場合には、次の各号に定める自家用車両の種類に応じて、当該各号に定める金額を、前項に規定するマイカー手当に加算して支給する。

(1) 普通乗用車　　　　　　　　　　駐車場利用料

　　　　　　　　　　　　　　　　　（ただし、月額1万円を上限とする。）

(2) 自動二輪車・原動機付自転車　　駐車場利用料

　　　　　　　　　　　　　　　　　（ただし、月額5000円を上限とする。）

3．会社は、第70条の規定に基づく会社の許可を得て自家用車両を使用して通勤する労働者のうち、業務上その他の事由により自家用車両を使用する通勤を特に必要とする特別の事情がある労働者が自家用車両の購入または買い替えを行うときは、マイカー取得助成金として、次の各号に定める自家用車両の種類に応じて、当該各号に定める金額を支給する。

(1) 普通乗用車　　　　　購入価額の20%相当額

　　　　　　　　　　　　（ただし、20万円を上限とする。）

(2) 自動二輪車　　　　　購入価額の20%相当額

　　　　　　　　　　　　（ただし、5万円を上限とする。）

(3) 原動機付自転車　　　購入価額の20%相当額

　　　　　　　　　　　　（ただし、3万円を上限とする。）

1 手当の見直し

コロナウイルス感染予防の観点から、就業形態が変われば、それに伴い従業員に支給する各種手当ての見直しも必要になってきます。

どのような手当を設けるのかは企業が任意に決めることができます。**規定例13第33条**に掲げられているのは手当の一例であり、これらすべてを設ける必要も、別の手当を設けることも、それぞれの企業の経営実態に合わせて設定することができます。

手当の分類には様々な考え方がありますが、以下のように考えることもできます。

> **手当の種類**
> ●基本給の補完・拡張
> 　　役付手当、技能・資格手当、
> 　　精勤手当
> ●実費負担分の精算の観点
> 　　通勤手当
> ●福利厚生の観点
> 　　家族手当

いわゆる役職手当・役付手当（部長手当、管理職手当等と呼ばれるもの）は、一定の職位に基づく責任に応じた報酬という側面と、管理職になることで残業代がなくなることに伴う補填という側面[※1]などがあるといえます。その意味では労働の対価という性質を有しているものといえます。これに対して、通勤手当（本稿で挙げるマイカー手当なども含む）は、通勤するために実際に従業員が支出した費用を精算するというものであり、労働の対価たる賃金とは本来的な性質が異なるものです[※2]。従って、通勤手当をそもそも支給しないということであってもなんら違法なものではありません。ただし、従業員の生活保障の観点からすれば、今の我が国では通勤手当を支給するのが標準だといえます。

これら手当については、就業規則や賃金規程などの中に明確に盛り込んでおく必要があります[※3]。

2 通勤手当とマイカー手当

多くの企業で従業員に支給されている各種手当には、労働の対価というべき基準内賃金に含まれるものもあれば、福利厚生の意味合いがあるなど労働の直接の対価とはいえない基準外賃金もあります[※4]。各種手当てについては、労基法がその形態を定めているものではないため、これまで慣習的に支払われているものの、その支給の是非や金額の根拠が必ずしも定かでないものもあります。

労働の対価とはいえない基準外手当については、そもそも支給するべき必然性もなく、持ち帰り残業などを厳しく禁止

している以上、住居手当などはあくまで福利厚生の観点から支払いをするものでしかないという考えであったといえます[※5]。しかし、これまで住宅手当を支給していない企業においても、在宅テレワークを導入するならば従業員の「自宅＝職場」であり、企業が負担していた就業に要する設備費用などを従業員に自己負担させるのは不合理ともいえます。

また都市部にある企業では公共交通機関を利用して従業員が出勤するのが通常であり、フルタイム勤務の従業員であれば定期券購入相当額を通勤手当として支給することが定着しています。しかし通勤にマイカー使用を認めるとなれば、定期券代金という計算方法も見直す必要がでてきます。

これらの見直しを図り、在宅テレワークやマイカー通勤などに対応した諸手当の創設や金額の設定も必要になってきます。現実に、大企業の中には定期代相当額などの定額通勤費（通勤手当）を廃止し、出勤回数に応じた実費精算方式に切り替える動きが出てきています。

ただし、各手当が基準外賃金であっても、現に支給してきているものを廃止しまたは減額する場合には、賃金規程（就業規則）の変更が不利益変更になる場合があるため注意を要します（第1部参照）。

(1)　通勤手当（公共交通機関）

これまでは、週5日の通勤を前提とし て定期代相当額を支給する形態が多かったといえます。しかし、在宅勤務等により通勤がなくなる（少なくなる）従業員について、定期代相当額を支給するのは無駄な支出ともいえます。月単位の定期券を購入するよりも実交通費が少なくなる従業員に対しては、実費精算に切り替える検討をする意味があります[※6]。

そこで、「所定労働日のうち、週4日以上会社に現実の出勤をする労働者に対し、次の各号に定める基準に従って支給する」【規定例13第36条第1項】として、通勤定期代の支給とします。他方で「会社への現実の通勤日数が週4日未満、又はテレワーク勤務に従事する労働者に対しては、毎月1日から当月末日までの実出勤日数につき、次の各号の定め交通費を実費精算し支給する」【規定例13第36条第2項】として、扱いを分けることが考えられます。

なお、令和3年4月1日施行のパートタイム・有期雇用労働法に伴い、同一労働同一賃金の対応が求められています。賃金に限らず手当についても合理的な理由がない限りは正社員、契約社員問わず共通とすることが求められますので、通勤定期代を支給するのは、正社員は通勤実日数に関係なく契約社員は週4日以上の場合などという扱いをすることはできませんので注意して下さい[※7]。

⑵ マイカー手当

　マイカー通勤をする従業員に対しては、通勤に要するガソリン代、マイカーのメンテナンス整備費用・車検代・重量税等の負担が発生します[※8]。

　マイカー通勤を認める場合には、公共交通機関の通勤料に変えてこれらの諸費用分の手当を支給するべきといえます。

ポイント▶ 燃料代の手当支給

　公共交通機関での通勤の場合には、その通勤定期代を全額企業が負担していることが多いです。それとの対比で考えるならば、マイカー通勤にかかった燃料代（ガソリン代）を企業が全額負担するマイカー手当を創設しても良さそうに思えます[※9]。

　規定例ではガソリン代や燃費などをみなし値とする例を記載しましたが【規定例13第36条第2項⑵】、現実にガソリン代の「実費」の算定は困難です。

　また電車・バス等の場合には月額15万円が非課税限度額と設定されているために、よほどの遠距離通勤や新幹線通勤などで無い限りは、支給された通勤手当について所得税は非課税扱いされます。これに対して、マイカー通勤の場合には非課税となる上限額が異なるため金額設定に注意が必要になります。国税庁が定めている自動車・自転車使用者への通勤手当の非課税限度額を基準として支給額を固定することも一つの方法として考えら

れます。

通勤距離	1カ月あたりの非課税限度額
55km以上	31,600円
45〜55km未満	28,000円
35〜45km未満	24,440円
25〜35km未満	18,700円
15〜25km未満	12,900円
10〜15km未満	7,100円
2〜10km未満	4,200円
2km未満	全額課税

ポイント▶ 駐車場

　都市部では駐車場利用料金の負担がかなり高くなります。マイカー通勤を認める場合には、企業が駐車場を手配するか、あるいは駐車場料金の（一部を）負担することも合わせて検討するべきと考えられます【規定例13第40条第2項】。

　駐車場も、全額を負担するのか、一定の上限額を設けるのかについては各企業の経営状況やマイカー通勤者の多寡などを考慮して決めることになります。

ポイント▶ 維持管理費

　規定例ではマイカーの維持管理にかかる費用も手当として支給する規定を設けています【規定例13第40条第1項】。自動車を保有するだけでかかる費用ですが、あくまでマイカーであり、業務に使用させるものではないことからここまでの手当を企業が負担するべきかは、それ

ぞれの企業の経営判断になってくるとは思います。ただし、マイカー通勤を認めるにあたっては任意賠償保険への加入を必須条件とするべきなので（73頁「事故発生時の制度的対応」参照）、一定額の維持管理費を支給する方が望ましいと考えられます。

ポイント◉ マイカー取得費

マイカーの購入そのものに対して何らかの助成をする（手当とも実費とも異な

る）ことも、企業の経営状況を踏まえてですが検討してもよいかもしれません。規定例でもマイカー取得に対する補助の規定も設けています【規定例13第40条第3項】。ただしこれは、毎月の通勤手当（マイカー手当）とは別のものですし、多分に企業からの恩典に近いものといえます。企業が積極的にマイカー通勤を推進するというような場合にはこのような取得費補助の制度を設けることも有益だろうと思われます。

注釈

※1：「事業の種類にかかわらず監督若しくは管理の地位にある者」（管理監督者）については「労働時間、休憩及び休日に関する規定は～適用しない」（労基法第41条2号）とあるため、法定労働時間を超過した労働をさせた場合に発生する割増賃金（残業代）の支払義務（労基法第32条）が発生しないためである。

管理監督者であると認められるためには、経営者と一体的な立場で業務を行っており、就業時間の管理を自らの裁量で行うことができるとともに、管理監督者の地位に相応する待遇がなされていることが必要とされている。この「相応しい対応」に基づき、部長手当、管理職手当などの名目で手当が支給されている。

※2：通勤手当についても、通勤定期代をそのまま支給するようなものは実費精算であって労働の対価となる賃金とは別ともいえるが、一律支給しているような場合（例えば「就業1日につき300円支給」、実通勤距離にかかわらず「1カ月2万円支給」などの場合）には、実費精算ではなく基本給を補完するものと考えられる。ただし、このような区分をすることへの実務上の実益はあまりない。

※3：本書の構成の都合上、厚労省のモデル就業規則にマイカー手当や在宅テレワーク手当を入れ込んでいるが、賃金・手当については就業規則本体にすべてを入れ込むのではなく、別途「賃金規程」などを設けてそこに盛り込む方が一般的である。

※4：従業員に支給する賃金には、基本給、役職手当などの労働の対価として支給する「基準内賃金（給与）」と、労働の対価とは必ずしもいえない通勤手当、住宅手当、家族手当などの「基準外賃金（給与）」がある。時間外労働手当（割増賃金等）や不就労時間（欠勤）の賃金控除の計算をするときには基準内賃金のみを基準額として計算することになるため、通勤手当や家族手当などは考慮されないのが通常である。ただし、通勤手当の場合も、実費精算的な意味合いがなく、従業員に一律で月額いくらなどと支給している場合には、役職手当などと同じく基準内賃金（給与）であるとすべき場合も出てくることには注意を要する。

※5：住宅手当（賃料の一定額を企業が補助する等）については労働の対価とはいえず、従業員に対する福利厚生、いわば

企業からの恩恵的な補助というものといえるが、そのようなものであっても臨時に支払われた賃金はないため、休業手当や解雇予告手当の算定などにおいては平均賃金の算定に組み込まれることになる点には注意を要する。

※6：鉄道会社、バス会社によって異なるが、多くの場合1カ月に15日（30回）以上乗車すると通勤定期代の方が割安になる金額設定になっている。毎月の平均就労日数（約21日）に鑑みると、週4日以上の実通勤がある場合には定期代での支給をし、週4日未満の実出勤の場合には通常運賃での清算をするのが合理的と考えられる。

※7：いわゆる総合職正社員といわゆる契約社員（有期雇用社員）における諸手当の格差についてはその大半が違法とされた（最高裁 令2.10.15）。

※8：自動車を保有した場合にかかる費用については、自動車税、重量、自賠責保険、任意保険、法定点検費用、車検費用などがかかる。ガソリン代、駐車場代を除くこれらの費用のみで、軽自動車で約15万円、小型自動車で約20万円、普通自動車で約23万円（いずれも任意保険に車両保険を含まないモデルケース）である。

※9：平成28年の社会生活基本調査結果では、全国の就業者・学生の通勤通学時間は平均79分とされているため、1日あたりの平均的な通勤距離は40kmにも上り、これを元にすると、1カ月の平均的なガソリン代は1万円になる。この費用をすべて従業員負担とすることは、公共交通機関の定期代を支給している場合との均衡を著しく欠くと考えられる。

規 定 例 14　支給手当の就業規則への追加〜在宅テレワーク手当

（設備・通信等手当）

第41条　設備・通信等手当は、第9条の規定に基づいて在宅勤務に従事し、かつ、在宅勤務における就業場所を自宅とする労働者に対し、自宅を就業場所として用いるために必要な設備維持費及びインターネット回線の利用（会社がモバイルWi-Fiルーター等を貸与している場合を除く。）に要する通信費用として、次のとおり支給する。

　　　在宅勤務等日数1日につき　　　　250円

（施設利用手当）

第42条　施設利用手当は、第9条の規定に基づいて在宅勤務に従事し、かつ、在宅勤務における就業場所をテレワークモデル就業規則第8条第2項に定める場所（以下、本条において「自宅外施設」という。）においてテレワー

ク勤務に従事する労働者に対し、自宅外施設の利用に要する費用として、次のとおり支給する。

自宅外施設を利用した在宅勤務日数1日につき　　2000円

3　設備・通信等手当

　在宅勤務等の場合、従業員の自宅を就業場所として用いるため、電気、空調機利用やインターネットなどの費用を企業の業務に従事するために支出することにもなります。

　自宅であるからと、これをすべて従業員の負担にすることは適当ではなく、何らかの手当を支給するべきです。従業員の自宅は生活の場所であって業務遂行の場所ではありません。本来は企業においてオフィス・店舗を設置し、その維持管理費用を負担した上で従業員に労務させるのですから、その費用を在宅テレワーク勤務をする従業員に転嫁するのは適切とはいえません。

　ただし、従業員の自宅建物の規模や設備の状況などにより実際にかかる費用はまちまちです。私用分との峻別も困難です。今後の各企業の支給実績などを踏まえて金額を検討する必要はありますが、在宅勤務等1日あたり200〜300円程度の支給をしている企業があるため、これ

も参考にして企業ごとに決めるのが良いと考えます【規定例14第41条】。

4　施設利用手当

　自宅で在宅勤務等をすることが難しい従業員に対して、情報セキュリティが確保されることを前提として、外部の会議室、貸スペース（コワーキングスペース）の利用を認める場合、その利用料を全額従業員の負担とするのかは要検討課題です。企業がコワーキングスペースでの就業を命じた場合は別として、従業員の都合で利用する場合にそこまでの費用を企業が持つ合理性があるかには確かに疑義はあります。

　現時点では多くの企業もそこまでの手当は支給していない模様です。しかしながら今後のテレワーク勤務の拡大次第では、これらの施設利用料に企業が一定の手当を支給することも考える必要が出てくるといえます[※1]【規定例14第42条】。

ポイント◗ 通信設備の取得手当

　テレワーク勤務は、通信のためのパソ

コン、タブレット端末等が必要不可欠になります。スマホしか所有していない従業員に対して在宅テレワーク勤務を命じた場合、パソコンやタブレット端末等を調達させる（購入させる）企業も中にはあります。業務命令での設備購入であれば、その代金の一部または全部を企業が補填しなければ、従業員に対する不当な負担を強いることになります。

しかし、私有物のパソコンやタブレット端末等の通信機器を業務に使用させることは、情報セキュリティの観点から回避するべきです。手当の枠で考えるのではなく、企業がパソコンやタブレット端末等の通信機器の現物を貸与する方式をとるべきといえます。

※1：企業が事業場の規模を、全従業員を収容できない規模まで縮小し、各従業員の固定席を廃止するいわゆる「フリーアドレス」を採用するような場合、従業員にテレワーク勤務をさせることによって賃料経費の削減が図られることになる。その削減分は、就業スペースを確保しない企業の利得といえるため、従業員に還元するのが公平であるとも考えられる。

5

chapter

副業・兼業の積極的推進

> **"** コロナ禍は企業における就業態様を変えるだけでなく、一企業との雇用契約のみに縛られるという雇用関係にも変化を及ぼしています。副業・兼業の容認、そして積極的な推進がそれです。各企業も、副業・兼業には積極的に対応していくことが今後ますます必要になると考えられます。しかし、労働時間管理を適切にはかる措置を講ずることは必要であり、そのための就業規則の改定は必須になります。

規定例 15 ｜ 副業・兼業

（兼業・副業）

第80条 労働者は、会社が許可した場合に限り、会社の労働時間外において、副業又は兼業（他の会社の業務に従事し、又は自らが事業主若しくは他の会社の経営者として当該会社の業務を遂行することをいい、主たる収入が会社又は兼業若しくは副業によるものかを問わない。）をすることができる。

2．会社は、労働者から副業又は兼業の許可申請を受けた場合において、労働者の安全衛生、健康管理又は企業秘密の保持、企業の利益侵害回避の観点、企業の信用維持等の観点から、当該労働者に副業又は兼業を許可することが相当でないと認めるときは、これを許可しないことができる。

（届出）

第81条 労働者は、前条第2項に規定する許可申請を行うにあたっては、次の各号に掲げる事項を記載した許可申請書を提出して届け出なければならない。

(1) 兼業先の商号又は名称、所在又は住所及び就業先

(2) 副業の商号又は名称、所在又は住所及び経営場所

(3) 兼業又は副業として従事又は遂行する業務内容

(4) 兼業先又は副業において従事又は遂行することとなる労働時間数

2．会社は、前項に規定する申請書に記載の内容を踏まえ、副業又は兼業を許可するか否かを決定し、労働者に対し、その旨を通知する。

3．労働者は、前条第1項の規定により副業又は兼業の許可が得られた後、第1項各号に掲げる事項に変更があったときは、速やかに、会社に対し、その変更内容を届け出なければならない。

4．会社は、前項に規定する変更内容の届出があった場合において、変更後の内容が前条第2項に規定する各観点から、副業又は兼業を許可することが相当でないと認めるときは、副業又は兼業の許可を取り消すことができる。

5．労働者が会社に採用される前より、すでに副業又は兼業を行っている場合には、当該労働者は、会社に対し、会社への入社を希望する時点において、その旨を申告するとともに、第1各号に規定する事項を明示するものとする。

6．労働者が前項の規定に違反し、又は前条第2項に規定する各観点から、当該労働者に副業又は兼業を許可することが相当でない状態にあり、かつ、会社がこれを認識することができなかった場合には、会社は、当該労働者の採用を取消し、又は解雇することができる。ただし、当該労働者がすでに行っている副業又は兼業を中止し、又は当該労働者が副業又は兼業を許可することが相当でない事由を解消したものと認める場合には、この限りでない。

（状況確認）

第82条　労働者は、会社の求めがある場合には、副業又は兼業に係る就業日数、実就業時間、健康管理状況、会社の秘密保持状況その他の就業実態（以下「就業実態等」という。）を報告しなければならない。

2．労働者は、会社の求めがある場合には、労働者が報告した就業実態等を裏付ける資料を提供しなければならない。

3．会社は、労働者が前2項の規定に違反したことによって、当該労働者の副業又は兼業の就業実態等を把握することができない場合において、第77条第2項に規定する各観点から副業又は兼業の継続を認めることが相当ないと判断したときは、当該労働者に対する副業又は兼業の許可を取り消すことができる。

1 兼業禁止の合理性

高度経済成長期の日本企業は、入社したら定年退職までその企業にのみ帰属する終身雇用が標準的でした。在職中の従業員の家族も、退職後の老後の年金生活も企業が丸抱えで面倒を見るのが日本企業の美徳とすら言われることがあります。そのため、今の時代においても兼業や副業については消極的な意識の企業が多いです。

平成以降の新興企業は終身雇用にはこだわらず、中途採用にも積極的になるなど雇用関係の流動化が進んできました。しかし、多重就労による従業員の過重労働による健康面への影響や企業秘密の漏洩の危険などから少なくとも兼業には消極的だったといえます。

労働者は使用者に対して賃金受給の対価としてふさわしい労務提供をする義務があります。そのため企業が従業員に対して就労に支障を来す兼職を制限することには合理性はあるとされています。また、専門職、技術職にある従業員は企業秘密を保持する義務もあるため、使用者である企業と競業関係にある他社への労務提供を制限することにも合理性はあるとされています。

兼業を禁止し、あるいは、退職後の同業他社への就職を制限する就業規則が標準的に設けられているのはこれらの理由

によるものだったといえます。

2　兼業禁止の緩和の必要性

　従業員には職業選択（兼職）の自由（権利）、生活維持のための賃金取得の必要性があり、就業制限（兼業の禁止）は就業時間以外の労働者の自由を拘束することにもなります。特に近年は、労働市場の流動化を進める施策が出されており、兼業や副業の希望は年々高まってきていました。

　厚生労働省が定めた「副業・兼業の促進に関するガイドライン」（平成30年1月策定・令和2年9月1日改定）[※1]も労働者が労働時間以外の時間をどのように利用するのかは基本的に労働者の自由であることを基本とし、合理性のない兼業制限は許されないとしています。

　兼業禁止の緩和はコロナ渦において大きく変わってきました。在宅勤務（テレワーク）の推進により在宅勤務の隙間時間を使って兼業を希望する従業員が増加してきました。通勤時間がなくなることや、出勤日そのものの減少が時間的余裕も生み、兼業をしやすい環境になったともいえます。在宅勤務による大幅な残業の削減や、所定労働時間の削減といった就労の減少（所得の減少）という経済的影響は、減った収入を埋めるためにも兼業することが必要という現実も生み出しました。毎日の出勤がなくなることで他

の従業員と顔を合わせてリアルなコミュニケーションを取る職場環境ではなくなり、「飲みニケーション」の機会がなくなることで、従業員同士を介しての特定の企業への帰属意識（愛社精神）が希薄化してきたことも一要因といえそうです。

　企業にしても、従来のような賃金の支払を維持できなくなると、従業員に対して「自立」の名の元に自力での収入確保を求めざるを得なくなってきたという現実もあります。

　このような社会情勢の変化もあり、兼業を積極的に推進する企業も増え、コロナ渦がこれに拍車をかけたといえます。

3　有効な兼業禁止規定

　兼業を積極的に推進するような時代になってきたとはいえ、無限定にすべてを許容するわけにはいかないといえます。これまでの裁判例やガイドラインを踏まえると、兼業禁止規定を設けるときは以下のポイントに留意する必要があります【裁判例】。

労働者が労働時間以外の時間をいかに利用するのかは労働者の自由が基本　→兼業は原則として認められるべき

兼業禁止規定に合理性があるのは

① 労務提供上の支障が発生する場合

② 業務上の秘密が漏洩する場合

③ 競業により企業の利益が害される場合

④ 企業の名誉・信用を損なう行為や信頼関係を破壊する行為がある場合

企業による兼業禁止に合理性があるとされるためには上記の①〜④やそれに準ずる事情が必要なことから、まずは就業規則においてもその旨を明確にしておくことになります。規定例では「労働者の安全衛生・健康管理又は企業機密の保持等の観点、企業の利益侵害回避の観点、企業の信用維持等の観点から、当該労働者の兼業又は副業を許可することが相当でないと認めるときは、これを許可しないことができる」【規定例15第80条第2項】と定めています。厚労省のモデル就業規則もほぼ同様の記載になっています。

しかし、これだけでは企業の労務管理上は不十分です。企業において「この兼業は認められない」という判断をするためには、その前提となる事実関係を適切に把握する必要があります。厚労省のガイドラインにも、それを念頭においた合意書様式や通知書様式が掲げられていますが、重要な事項については就業規則の中に明記しておくべきです。そこで、届出事項【規定例15第81条】などを盛り

込むことを検討するのがいいです。こうすることで、企業は兼業を希望する従業員に対して兼業内容についての具体的情報の提供を求めることが容易になり、適切な判断ができるようになります。

4 兼業と労務提供への支障の防止

兼業は、従業員の労働時間の管理や、労災事故発生時の救済に課題がありました。法定労働時間やその上限規制は、複数の企業に就業する場合「合算」されます。自社の従業員が兼業していることを知らないために上限規制を超過した勤務をさせていたなどのトラブルも発生します。労災の場合の補償は労災が発生した使用者（企業）からの所得のみで計算されたため、兼業先での就労もできない（賃金が支給されない）ため生活に困窮するなどの事態も発生しました。

主たる就業と従たる就業の双方を合算して補償する労働者災害補償保険法の改正法が2020年9月より施行されましたので、後者の被害は減少することになり、これに併せて企業は従業員の兼業を適切に把握し、労働時間の適正な管理をする責務も負うことになりました【資料8 副業・兼業の促進に関するガイドライン〈概要〉】。

兼業・副業の実態把握と労働時間管理は難しく、兼業の届出だけでなく、従業

員の健康管理のために他社での就業時間を明らかにさせるなどの手立てを講ずる必要があります。しかし、兼業先での就業状態を「プライバシーに関わる」などとして明らかにしようとしない従業員が出てくることも想定されます。また、従業員の自己申告が明らかにおかしい（実体に即していない）と思われる場合には、正確な事実関係の把握手段も講じておく必要があります。

そのために、従業員に対しては兼業における「誓約書」を提出させ、企業が従業員の労務管理に必要となる情報については必ず開示提供させるなどを約束させることが考えられます。兼業先のシフト表や出退勤一覧などの資料を毎月必ず提出させるなどの運用も有用と考えられます。

就業規則でも就労実態の開示義務を明記することで、従業員に対して情報開示を義務づけるなどの対応を取る（従わないときには兼業許可を取消できる）ことも可能になってきます【規定例15第82条】。

兼業先の他社への就業状況の問い合わせに対して従業員が応ずる義務づけることも重要になってきます。兼業先にいきなり連絡をいれても「当社社員の個人情報にかかる事項はお答え致しかねます」と回答を拒否されるのが通常です。個人情報であれプライバシー情報であれ、当の本人が同意をしていれば第三者に開示することは違法・不適切ではなくなりま

すので、事前にその同意を従業員から取り付けるようにします。兼業先に対する同意書（「勤務先企業である〇〇株式会社からの照会があったときは、私の就業状況を開示することに同意します」など）の提出を兼業許可の条件とすることも考えられます。就業規則にも明記しておくことがより好ましいといえます【規定例15第83条】。

自社は労務管理を適正に行い、安全配慮にも努めていても、兼業先がいわゆるブラック企業であったりするとトラブルになりかねません。想定していない割増賃金の発生や【資料9　所定労働時間の通算】、兼業先に起因するはずの労災に基づく補償を求められるなど、自社のみでは回避しきれない事態に巻き込まれることもあります[※2]。

5　兼業と機密保持

（自身が経営する会社も含め）競業他社でも就業している従業員の場合には、企業の機密情報の持ち出しや無断使用などの懸念もでてきます。そもそもそのような懸念があるなら兼業を許可しなければ良いともいえますが、例えばシステムエンジニアなどは同業他社からの業務を掛け持つのが珍しくもなかったりします。専業の従業員よりも機密情報漏洩や流用の危険は高くなるといえますので、就業規則でも兼業従業員に対する機密保

持義務を明記するとともに、個別にNDA（秘密保持誓約書）を提出させるなどの事前予防策を講じておくことは有用です【規定例15第84条】。

ただし、兼業している従業員にどこまで企業の機密情報を扱わせるのかをそもそもの検討課題とすべきです。自社のアドバンテージである機密情報は、取り扱える従業員も限定するべきといえますし、そうでなければそもそも機密情報だという認定もされないことにもなりかねません[※3]。

兼業先との利益相反行為も機密保持と同様といえます。いずれも、現実の被害が発生した時点で違反行為の中止措置や損害賠償請求の問題になってきますが、それではもはや企業の被害回復には十分とはいえません。従業員に対して機密遵守の意識を強める意味でも就業規則への規定や誓約書といった目に見える形での

予防策を講じておくことは有用だといえます。

6　在籍出向

従業員の希望・意思によって他の企業での執務に従事する兼業とは異なりますが、コロナ禍においては在籍出向も拡大してきました。業績悪化により業務そのものが縮小していても従業員の雇用を維持し続けるための手段として、自社に所属させたまま別の企業で就業をさせることを企業が命ずるものです。出向については労働関係法でもまだ明確なルール化がなされていませんが、従業員の労働時間管理・健康管理、機密保持、企業の信用保持などに留意するという意味では兼業と類似する労務管理が必要になると考えられます。

注釈

※1：各種労働関連法においては兼業と副業の明確な定義はなされていません。主たる収入のための本業以外に収入を補う仕事をしたり（複数の仕事に優劣関係がある）家業や自身の事業を行う場合には副業と呼び、並列的に複数の企業と雇用関係を持つ（どの仕事も本業であり並列的である）場合に兼業と呼ぶことが多いようです。ガイドラインでも兼業と副業に特段の区別をすることなく「二つ以上の仕事を掛け持つこと」とするのみです。本稿では特段の断りがない限り、副業・兼業を合わせて兼業と記載することとします。

※2：厚労省のガイドラインやHPにおいては、複数就業先での就業時間の適切な管理のための「管理モデル」やそのひな形書式も示されています。
https://www.mhlw.go.jp/content/11200000/000692481.docx

※3：不正競争防止法が「営業秘密」としているのは「秘密管理性」「有用性」「非公知性」の3つの要件を満たす情報だとされています（第2条第6項）。企業において営業秘密であることを従業員にも明確にし、情報へアクセスできる従業員を制限するなどの適切な管理措置を講じていなければ「秘密管理性」

の要件を満たさず、法の保護に値する秘密情報だとは認定されません。競業他社にも就業している兼業従業員でも日常的にアクセスできるような管理情報では、そもそも機密情報であるという主張も通りにくくなると考えられま

す。なお、営業秘密の管理については経済産業省が公開している「営業秘密管理指針」（平成15年1月30日制定・平成31年1月23日改定）を参考にするのがよいです。

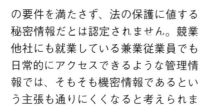
裁判例　これまで裁判で兼業の可否が争われた事案のほとんどは、兼業禁止規定に抵触したための解雇が有効か否かの争いである。

有効

● 管理職社員が競業他社の取締役に就任したことが企業秩序を乱したとして解雇を有効とした事案
（名古屋地裁昭和47年4月28日）

● 深夜にも及ぶ毎日6時間のキャバレーでの終業は余暇利用の域を超えて企業の経営秩序を害し、対外的信用、対面を傷つけるとして、承諾ない兼業を禁止した就業規則は有効とした事案
（東京地裁昭和57年11月19日）

無効

● 無許可で他校の講師業を行った私立大学教授に対して、副業が夜間や休日に行われてたことから職場秩序には影響せず労務提供にも格別の支障を来さないとして解雇無効とした事案
（東京地裁平成20年12月5日）

● 運送会社の運転手が行った貨物運送のアルバイトが年に1、2回程度でしかなく、職務専念義務に違反し、雇用主との信頼関係を破壊したまでは言えないとして解雇無効とした事案
（東京地裁平成13年6月5日）

　これらの裁判例はいずれも、就業規則による兼業禁止の規定の効力や適用の是非について、会社の秩序を乱し、労務の提供に支障を来すおそれがあるかどうかを個別具体的に判断している。

資料8　副業・兼業の促進に関するガイドライン〈概要〉

（平成30年1月策定、令和2年9月改定）

ガイドラインの目的

　副業・兼業を希望する者が年々増加傾向にある中、安心して副業・兼業に取り組むことができるよう、副業・兼業の場合における労働時間管理や健康管理等について示す。

ガイドラインの構成

1　副業・兼業の現状
- 副業・兼業を希望する者は、年々増加傾向にある。
- 副業・兼業に関する裁判例では、労働者が労働時間以外の時間をどのように利用するかは、基本的には労働者の自由であるとされている。
- 厚生労働省のモデル就業規則でも、「労働者は、勤務時間外において、他の会社等の業務に従事することができる。」とされている。

2　副業・兼業の促進の方向性
- 人生100年時代を迎え、若いうちから、自らの希望する働き方を選べる環境を作っていくことが必要。副業・兼業は、オープンイノベーションや起業の手段としても有効であり、都市部の人材を地方でも活かすという観点から地方創生にも資する面もある。
- 副業・兼業を希望する労働者については、その希望に応じて幅広く副業・兼業を行える環境を整備することが重要である。
- 長時間労働にならないよう、以下の3〜5に留意して行われることが必要である。

3　企業の対応

（1）基本的な考え方
- 副業・兼業を進めるに当たっては、労働者と企業の双方が納得感を持って進めることができるよう、企業と労働者との間で十分にコミュニケーションをとることが重要である。
- 使用者及び労働者は、①安全配慮義務、②秘密保持義務、③競業避止義務、④誠実義務に留意する必要がある。
- 就業規則において、原則として労働者は副業・兼業を行うことができること、例外的に上記①〜④に支障がある場合には副業・兼業を禁止又は制限できることとしておくことが考えられる。

（2）労働時間管理

　労働者が事業主を異にする複数の事業場で労働する場合には、労働基準法第38条第1項に基づき、以下により、労働時間を通算して管理することが必要である。

① 労働時間の通算が必要となる場合
- 労働者が事業主を異にする複数の事業場において「労働基準法に定められた労働時間規制が適用される労働者」に該当する場合に、労働時間が通算される。
- 事業主、委任、請負など労働時間規制が適用されない場合には、その時間は通算されない。
- 法定労働時間、上限規制（単月100時間未満、複数月平均80時間以内）について、労働時間を通算して適用される。
- 労働時間を通算して法定労働時間を超える場合には、長時間の時間外労働とならないようにすることが望ましい。

chapter 5 ｜ 副業・兼業の積極的推進　　95

例1

企業Ａ：時間的に先に労働契約を締結
　　　　所定労働時間1日3時間（7：00～10：00）—①
　　　　当日発生した所定外労働2時間（10：00～12：00）—③
企業Ｂ：時間的に後に労働契約を締結
　　　　所定労働時間1日3時間（15：00～18：00）—②
　　　　当日発生した所定外労働1時間（18：00～19：00）—④

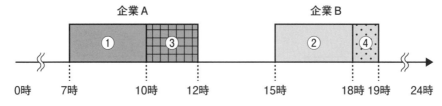

→①＋②＋③で法定労働時間に達するので、企業Ｂで行う1時間の
　所定外労働（18：00～19：00）は法定時間外労働となり、企
　業Ｂにおける36協定で定めるところにより行うこととなります。
　企業Ｂはその1時間について割増賃金を支払う必要があります。

例2

企業Ａ：時間的に先に労働契約を締結
　　　　所定労働時間1日3時間（14：00～17：00）—①
　　　　当日発生した所定外労働2時間（17：00～19：00）—④
企業Ｂ：時間的に後に労働契約を締結
　　　　所定労働時間1日3時間（7：00～10：00）—②
　　　　当日発生した所定外労働1時間（10：00～11：00）—③

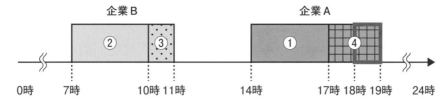

→①＋②＋③＋（④のうち1時間）で法定労働時間に達するので、企
　業Ａで行う1時間の所定外労働（18：00～19：00）は法定時
　間外労働となり、企業Ａにおける36協定で定めるところにより
　行うこととなります。企業Ａはその1時間について割増賃金を支
　払う必要があります。

厚労省『副業・兼業の推進に関するガイドライン　わかりやすい解説』より抜粋

第3部

感染予防・拡大防止の対応による変更点

感染防止対策の実施と感染者の出勤停止等

> 　従業員が新型コロナウイルスに感染した場合や、事業所でクラスターが発生した場合など、企業はそれ以上の感染の拡大防止を図る安全対策措置を講ずる必要がでてきます。これは新型コロナに限定された話ではなく、感染症全般に共通するものだといえます。それ以前に、感染者が発生しないようにする予防策を講ずることも当然必要です。
> 　企業には、従業員の健康、安全を守らなければならない安全配慮義務がありますから、具体的な指針・根拠を明確化しておくことが重要です。就業規則においても、安全対策措置に関する基本的な事項は規定しておく必要があります。また、従業員の安全衛生を目的としてであっても、それによって個々の従業員に発生した損失、負担に対する調整（補償）のあり方も明確にしておく必要があります。

1　感染予防・拡大防止策

　新型コロナウイルスのクラスターの感染伝播が「3つの密（三密）」と呼ばれる特定の環境で発生したことが早期から明らかになっていました。そのため、「三密」（①換気の悪い密閉空間、②多数が集まる密集場所、③間近で会話や発話をする密接場面）の回避は基本的な感染予

防策とされています（※1）。

　感染予防は、家庭も含め個々人全員の不断の取組みで初めて実現されるものといえますが、従業員が1日の大半を過ごす職場においては、企業が率先して対策を講じなければなりません。第2部で取り上げた就業形態の変化（在宅テレワーク勤務の導入、通勤方法の変更）もその一環ですが、より直接的な感染防止策や、感染者発生時の対応策として何をすべきか、何をできるようにするのかは、これまでの標準的な就業規則では十分に対応し切れていなかったものです。

　例えば、感染防止策として事業場への入場にあたり検温をするにしても、それを従業員に強制できるのか。高熱があると分かった従業員の事業場への立入を禁止・制限できる根拠はあるのか。さらに、その従業員に、医療機関での検査を要求できるのか。これらは、従業員の自己決定権に企業が立ち入ることにもなります

ので、慎重な運用が必要になります。少なくとも就業規則になんらかの拠り所（根拠）を設けておかないと、従業員に対して「命ずる」ことすらできない（その結果として感染拡大を企業が防止できなくなる）危険が出てきます。従業員が休業に応じた場合は「不就労（＝欠勤）」として賃金を支払わなくても良いのかも大きな問題になってきます。

> **就業規則見直しのポイントとなる事項**
>
> 　事業所の感染予防措置
> 　　　↓感染発生時の対応
> ・感染（の疑いのある）者への対応
> ・感染（の疑いのある）者発生時の他の従業員への対応
> ・事業場全体の閉鎖を含む対応
> 　　　↓生ずる影響への対応
> 従業員に対する休業補償

注釈

※1：「クラスター対策の重要な役割として、こういった共通する環境的および行動的要因を特定して、そのような場を避けるように市民に呼びかけることが重要である。市民がこうした場所・環境・行動を徹底的に避けることでクラスターの発生を予防することができると考えられる」と指摘されている（国立感染症研究所「新型コロナウイルス感染症クラスター対策（2020.7.31）」）。

規定例 16 | 感染防止策と就業制限・立入禁止などの就業規則への追加

（健康管理義務）

第62条 労働者は、常に自己の生活を律し、健康管理に留意し、心身ともに健全な状態で勤務するよう努めなければならない。

2．労働者は、会社が事業所における安全衛生のために定める細則、ガイドライン、指示命令等に従わなければならない。

（就業制限）

第86条 会社は、労働者が次の各号のいずれかに該当する場合には、当該労働者の勤務を禁止又は制限する。

(1)　第64条に規定する感染症等に感染し、又は感染したことを疑うに足りる合理的理由がある場合

(2)　疾病又は精神上の疾患その他の事由により、会社が勤務に従事することに耐えないと判断した場合

(3)　医師の診断により労働に従事することが不適当であると判断された場合

(4)　前3号に準ずる事由により、勤務に従事することが適当でないと認めた場合

（罹災休暇等）

第87条 労働者が次の各号に掲げる事由に該当する場合において、事業場に出勤することができず、又は早退若しくは労働時間中に就業場所からの一時外出を余儀なくされるときは、会社は、当該労働者に対し、当該各号に定める時間又は日数の休暇を付与する。

(1)　感染症予防法、新型インフルエンザ等対策特別措置法その他これらに類する法令の規定により交通が遮断され、又は事業場における事業活動の実施を継続することが困難な状態となった場合

感染症休暇：感染状況が収束したと会社が判断した日まで

(2)　天災地変又はこれに準ずる災害が発生し、又は発生するおそれのある場合

罹災休暇：災害が収束したと会社が判断した日まで

(3)　非常災害又は交通機関のストライキ等が生じ、又は生じるおそれがある場合（ただし、通常の交通事故等に伴う交通渋滞等による場合を除く。）

　　交通遮断休暇：交通遮断原因が解消されたと会社が判断した時間まで

（出勤停止・立入制限等）

第88条　労働者が次の各号に掲げるいずれかの事由に該当し、又はいずれかの事由に該当することが合理的に疑われる場合において、他の労働者又は会社の取引先、関連会社等に対する安全衛生の維持及び会社の設備保全等のために必要があると認めるときは、会社は、当該労働者に対し、会社が必要と認める期間、その出勤の停止を命じ、又は会社の事業場その他の施設への入場を禁止し、若しくは退場（以下「出勤停止等」という。）を命ずることができる。

　(1)　火気その他労働に必要でない有害物又は危険物を所持しているとき

　(2)　違法薬物又はこれに準ずる薬物を所持又は使用しているとき

　(3)　風紀秩序を乱し、又は安全衛生上有害と認められるとき

　(4)　業務を妨害し、又は会社及びその関係者の安全及び秩序を乱すとき

　(5)　感染症等に感染し、又はそのおそれがあると認めるとき

　(6)　合理的な理由なく会社が定める安全対策措置・感染防止策等の実施に従わないとき

　(7)　酒気を帯びているとき

　(8)　その他前各号に準ずる事由があるとき

　2．前項の出勤停止等は、労働者の責に帰すべき不就労とみなす。

2　事業場内での感染防止策の実施

　企業は、従業員に対して雇用契約に基づき業務上必要となる事項の遂行を命ずることができ、従業員はこれに従う義務があります。ただし、業務命令などはそれが合理的なものでなければなりません。何を捉えて合理的と判断するのかは、最終的には個別具体的判断にならざるを得ませんが、就業規則などに定めら

れた合理的な規定に基づく相当な命令であることが必要だとされています。

新型コロナウイルスの感染予防のためには換気の徹底やパーティションの設置、物理的距離を取った就業など企業側が実施するべき予防策もありますが、手洗いの励行や業務中のマスク着用などは、従業員が行うものです。感染予防や感染拡大防止のためにマスク着用などは効果的だとされていますので、それを命ずる業務命令は合理的な理由のある命令だと考えられます。

具体的にどのような対策を講じ、従業員に何をさせるのかは、感染症の種類や蔓延状況、企業の業務内容、従業員の就業態様や就業場所の物理的環境・設備によって異なってきます。エッセンシャルワーカーの職場の典型と言える病院と、対人対面業務が相対的に少ないシステム開発会社などでは、おのずと防止策の内容もポイントも変わってくるはずです。従って、就業規則においては「社員は、会社が事業所における安全衛生のために定める細則、ガイドライン、指示命令等に従わなければならない」【規定例16第62条第2項】などの包括的な規定にとどめ、具体的な内容は別途定めることが適当だといえます。最大公約数的なガイドラインの一つとして、日本経済団体連合会が定めた「新型コロナウイルス感染予防対策ガイドライン」を参考資料として掲載しますので、これをベースにして企業ごとにふさわしい内容にアレンジして活用するとよいかもしれません【資料10 オフィスにおける新型コロナウイルス感染予防対策ガイドライン（抜粋）】。

3 感染したりその恐れのある従業員への対応

企業が休業しないで営業活動を継続させるためには、全般的な感染予防措置だけでは足りません。現実にコロナウイルスに罹患した従業員に対して、事業場の他の従業員の安全のため休業させたり、事業場内への立入を禁ずる感染予防措置を講ずる必要がでてきます。

感染が明らか（PCR検査で陽性となった等）であれば都道府県知事が行う就業制限により労働者は休業することになりますので現実には問題にならないでしょう[※1]。また、従業員の健康管理の観点からも、現実に感染症に罹患している場合には就業制限をかけることができるという規定は多くの企業で既に設けていると思います。

企業と従業員の雇用契約（労働契約）においては、従業員には就労義務はありますが、就労請求権はないとされています。従って、出勤してきた従業員が「働く、働かせろ」と求めてきた場合であっても、企業は労務の受領を拒否することができ、休業命令を出すことによって雇用契約上の従業員の権利を一方的に奪う

ことにはならないとされます。この理屈からすると、就業規則などに具体的な定めがなかったとしても、企業は従業員に対して（コロナウイルス感染の疑いがあるなしにも関係なく、更に言えば合理的な理由があろうとなかろうと）、個別に休業命令を出すことは違法でもないということになります。

しかしながら、この理屈を正面から従業員にぶつけることはいたずらに紛争を招くだけだといえます。企業としての適切な労務管理の在り方としては、休業なり、入場制限なりを命ずるにあたって、何らかの根拠を従業員に示せるようにしておくのが望ましいのはいうまでもありません。

ポイント▶ 感染が疑われる従業員への対応

PCR検査では陽性となっていないがコロナウイルス感染とされる症状が出ているなど感染が「疑われる」（感染してから発症するまでの時間差もあるし検査の精度の問題もある）という従業員の取扱いは特に問題になります。従業員本人が自主的に欠勤しない限り企業は従業員の就労を受け入れざるを得ないとすると、事業場内でクラスターが発生する危険も招来しかねません[※2]。

感染の懸念がある段階で、安全衛生上の理由から「事業所に立ち入らせない」という措置を講ずることができる根拠規定を設けておくことが必要になってきます。「休ませる」という切り口ではなく、事業場への立入りを禁止するという方法でまずは対処するのが適当でしょう[※3]。

就業規則においてはこのような「懸念」、「疑い」の段階でも感染予防・拡大防止措置を計るために、「感染症等に感染し、又は感染したことを疑うに足りる合理的理由がある場合」、「当該労働者の勤務を禁止又は制限する」【規定例16第87条1号】などの規定を設けておくとよいと考えます[※4]。

なお、休業命令や事業所への立入り禁止にともなう賃金支払や補償は休業補償のところで改めて説明をします。

4 感染防止策を拒否する従業員への対応

企業が定めた感染防止策について、合理的な理由がなく実施を拒否する従業員への対応は悩ましいものです[※5]。

エントランスでの検温、マスクの着用、休憩室での談話の制限、オフィス内での飲食の禁止など、従業員の協力がなければ実施できない感染防止策をどこまで「強制」できるのかが問題となります。何らかの強制力を伴うものでなければ、感染防止策の実効性が保てないこともあります。従って、従わなければ懲戒処分をするというような裏付けをもった命令が必要になる場合もあります。しかし、

そのような圧力をかけることが逆に従業員に対するハラスメントになる危険もあります。

　企業が取るべき基本的な姿勢は全従業員の安全確保だと考えるべきです。もし従業員の誰かがコロナウイルスに感染していたにもかかわらず、事業所において就業させた結果、クラスターが発生したような場合には使用者としての安全配慮義務に違反すると考えられます[※6]。さらに、クラスターが発生した事業所であるということが、適切な感染防止策を講じていない企業であるという信用失墜や、その事業場に所属している従業員も感染者ではないかという疑いの目で見られるようになるなどのレピュテーションリスクも招くことになります。

　従って、感染防止策を講ずることは業務命令として厳しく遂行させ、合理的な理由無くこれに応じない従業員に対しては、事業場への立入を禁じたり、事案によっては何らかの懲戒処分を課すこともあり得るという姿勢で臨むべきだと考えられます[※7]。

　そのためにも、就業規則において、適切な感染防止策の実施を遵守しない、拒否するような従業員に対してはオフィス・店舗への立入りを禁止する根拠規定を設けておくことが重要になってきます。**規定例16第88条**では「(5)　感染症等に感染し、又はそのおそれがあると認めるとき」、「(6)　合理的な理由なく会社が定める安全対策措置・感染防止策等の実施に従わないとき」には事業場への立入りを禁止する等の規定を設けています。

ポイント◉ 就業制限と就業禁止

　就業規則の改定例では、従業員の就業を制限する根拠規定を**規定例16第86条**と**第88条**の2種類設けています。実務上は明確に区別する必要性は高くないかもしれませんが、理論的にはこの両者の意味合いは全く異なるものです。

　従業員（労働者）の最大の義務である労務提供ができない状態に陥った場合の扱いと、従業員が服務規律その他のルールを遵守しないために企業の規律保持のために事業場に立ち入らせない（その結果として就業もできなくなる）場合の扱いです。解雇の場合にも、病気などで就業不能となったために解雇する普通解雇と、会社の規律に違反した制裁として解雇する懲戒解雇がありますが、これとパラレルに考えるものです。

第86条の就業制限
　　従業員が労務提供不能の場合
第88条の出勤停止・立入制限等
　　規律違反をした従業員への命令

　第86条の「第64条に規定する感染症等に感染し、又は感染したことを疑うに足りる合理的理由がある場合」の場合は感染症予防法による就業制限の場合やそれに準ずる場合のため「ノーワーク・

ノーペイ」で処理されるべきものと考えます。他方、第88条の「感染症等に感染し、又はそのおそれがあると認めるとき」、「合理的な理由なく会社が定める安全対策措置・感染防止策等の実施に従わないとき」は、それによって「安全衛生の維持及び会社の設備保全等のために必要があると認める」ために出勤停止等を「命ずる」というものです。業務命令として事業場への立入を禁じたために労務提供が出来ていないのだ（企業の責に帰すべき事由による休業だ）という話にならないように、「前項の出勤停止等は労働者の責に帰すべき不就労とみなす」【規定例16 第88条第2項】と明記し、従業員が規律違反をおかしたために事業場への立入りなどを禁止する規定であることをより明確にしています。

ポイント▶ 業務命令違反に対する懲戒

飛沫感染防止のためにマスク着用を命じたにもかかわらずこれに従わないなどの従業員に対して、就業禁止（事業場への立入り禁止）などの措置を超えて懲戒処分までできるかは慎重な判断を要します。

企業（使用者）は安全配慮義務を負うため、従業員が安全な状態で労務提供できる環境を構築し、維持する義務を負っています。コロナウイルス感染を防止するためにマスク着用は必須だと言われて

いますので、これを命ずること自体は合理性があると考えられます[※8]。

しかし従業員の中には、単に息苦しいからマスクが嫌いだという次元を超えて、強度のアレルギー体質でマスクを着用できない人もいるかもしれません。そのような従業員が、マスクの着用を拒否することにも合理的な理由があるといえます。そのような場合には、企業がマスク着用の代替（布マスクなどアレルギーの影響が少ないマスクへの代替、マスクの着用までは要しない部署への異動など）が可能かどうかを検討する必要があります。また、感染防止策を拒否した場合に現実にどのような危害・影響が事業場に発生するのかの検討も必要になります。

これらの総合的な事情判断の上で、マスクの着用命令に違反した従業員に問題がある（マスクの着用はできるのに従わず、そのために感染リスクが高まる）場合に始めて懲戒処分を検討することができるようになると考えられます。

感染防止策の強制の是非

・感染防止策そのものに合理性があるか

・従業員がその感染防止策の実施を拒否することに合理性、必要性があるか

・拒否された感染防止策を実施しないで済む代替策があるか

・感染防止策実施の業務命令に従わ

なかったことによる具体的な影響
の有無
　　↓これらの具体的検討の上で感
　　染防止策に従わないことを服
　　務規律違反として懲戒処分を
　　行うことができるための社会
　　通念上の相当性を判断する
→これらを踏まえない懲戒処分は懲
　戒権の濫用とされうる

ポイント▶ 業務命令による自宅待機

　コロナウイルス感染の場合に限らず、
例えば懲戒処分を前に自宅待機（自宅謹
慎）を命ずる場合などにも広く共通しま
すが、企業が業務命令で自宅待機を命じ
ると、自宅にいることがすなわち業務で
あり出勤して就労したのと同じ（＝欠勤
ではない）と評価されることになります。
実際に自宅で在宅テレワークなどを実施
させるならば、出勤と等価だといえます
が、「療養しろ」、「検査結果が出るまで
自宅でじっとしていろ」というものも業
務命令になりますので、賃金支払義務
（所定賃金の満額）が発生します。

　適切な就業規則が設けられていても、
現場の運用を誤ると予期せぬトラブルに
なるため、適切な運用を心がけることが
必要です。

注釈

※１：新型コロナウイルスについては感染
　　症予防法第６条第８項の指定感染症とさ
　　れているため、従業員が新型コロナウイ
　　ルスに感染した場合には、都道府県知事
　　はその従業員に対して就業制限を行うこ
　　ともできる（感染症予防法第18条第２項）。
　　　また、この就業制限は企業に原因があ
　　るものではない休業のため（労基法第
　　26条の「使用者の責に帰すべき事由」
　　でない）、賃金の支払も休業手当の支給
　　も要しない。

※２：従業員が感染症に罹患している、あ
　　るいはその恐れがあるのを知りながら、
　　特段の対策も講じずに就業させた結果と
　　して、同じ事業場の他の従業員も感染し
　　たような場合には、感染してしまった従
　　業員の責任よりも、感染予防を怠った
　　（職場の安全配慮義務に違反した）企業
　　の責任の方が大きくなる場合もある。こ
　　のような場合には、公災（業務上災害）
　　として扱うべきケースすら出てくる。巻

き込まれて感染した従業員に対しては、
企業の責に帰すべき事由により感染して
欠勤に至ったものとして、欠勤中もその
所定賃金の全額を企業は支払う義務が発
生することにもなる。

※３：「休ませる＝欠勤」とすると、従業
　　員は業務に従事しないこととなり、他方
　　で賃金や休業手当は支給するということ
　　にもなる。重篤症状が出ている訳でもな
　　く、感染拡大防止などの観点を除けば業
　　務への従事は可能であるのに一律に欠勤
　　とするのは不経済になることもある。
　　従って、在宅勤務を命ずるなどで他の従
　　業員への感染拡大の防止を図りつつも、
　　一定の就業はさせるという道を残してお
　　く方が望ましい。

※４：就業禁止については、労働安全衛生
　　法にも「事業者は、伝染病の疾病その他
　　の疾病で、厚生労働省令で定めるものに
　　かかった労働者については、厚生労働省

令で定めるところにより、その就業を禁止しなければならない」（第68条）という規定がある。しかし、この規定で就業を禁止できるのは厚生労働省令によって「結核」を対象とすると限定されているため、コロナウイルスをはじめとする他の感染症では適用できない。

※5：「業務命令に従わない」、「企業が定めた安全衛生のための服務規律等に従わない」等を理由として解雇その他の懲戒処分ができるかどうかという問題に最終的には帰着する。

※6：企業が従業員に負う安全配慮義務は雇用契約から当然に発生するものであるが、労働契約法においても「使用者は、労働契約に伴い、労働者がその生命、身体等の安全を確保しつつ労働することができるよう、必要な配慮をするものとする」（第5条）と明記されている。

※7：就業規則違反だとして現実に懲戒処分を課すことが出来るのはよほどの悪情状があり、現実に他の従業員にも感染の影響を及ぼしたというような場合でないと難しいとは考えられる。

※8：医療や介護の現場など、顧客の生命身体の安全に対する高度の注意義務を求められるような業務を担っている場合と、対人・対面の業務が少ない業務によっても、マスク着用の必要性の高さは変わってくるため、業種ごと、事業所ごと、担当する業務ごとの個別の判断が必要になる。

(1) 感染予防対策の体制

　経営トップが率先し、新型コロナウイルス感染防止のための対策の策定・変更について検討する体制を整える。

　感染症予防法、新型インフルエンザ等対策特別措置法等の関連法令上の義務を遵守するとともに、労働安全衛生関係法令を踏まえ、衛生委員会や産業医等の産業保健スタッフの活用を図る。

　国・地方自治体・業界団体などを通じ、新型コロナウイルス感染症に関する正確な情報を常時収集する。

(2) 健康確保

　従業員に対し、出勤前に、体温や新型コロナウイルスへの感染を疑われる症状の有無を確認させる。体調の思わしくない者には各種休暇制度の取得を奨励する。また、勤務中に体調が悪くなった従業員は、必要に応じ、直ちに帰宅させ、自宅待機とする。

　発熱などの症状により自宅で療養することとなった従業員は毎日、健康状態を確認した上で、症状がなくなり、出社判断を行う際には、学会の指針などを参考にする。症状に改善が見られない場合は、医師や保健所への相談を指示する。

　上記については、事業場内の派遣労働者や請負労働者についても派遣事業者・請負事業者を通じて同様の扱いとする。

(3) 通勤

　テレワーク（在宅やサテライトオフィスでの勤務）、時差通勤、ローーテーション勤務（就労日や時間帯を複数に分けた勤務）、変形労働時間制、週休３日制など、様々な勤務形態の検討を通じ、公共交通機関の混雑緩和を図る。

　自家用車など公共交通機関を使わずに通勤できる従業員には、道路事情や駐車場の整備状況を踏まえ、通勤災害の防止に留意しつつこれを承認することが考えられる。

(4) 勤務

　飛沫感染防止のため、人と人との間に一定の距離を保てるよう、仕切りのない対面の人員・座席配置は避け、可能な限り対角に配置する、横並びにするなど、工夫する。仕切りがなく対面する場合には、顔の正面からできる限り２メートルを目安に、一定の距離を保てるよう、工夫する。

　従業員に対し、始業時、休憩後を含め、定期的な手洗いを徹底する。このために必

要となる水道設備や石けんなどを配置する。また、水道が使用できない環境下では、手指消毒液を配置する。

従業員に対し、常時マスク着用に努めるよう徹底する。ただし、人との距離を十分確保できる場合には、状況に応じてマスクを外すこともできる。

建物全体や個別の作業スペースの換気に努める。窓が開く場合1時間に2回以上、窓を開け換気する（寒冷期はこまめに）。なお、機械換気の場合は窓開放との併用は不要である。換気の効果を確認するうえでCO_2モニター等を活用する方法もある。

オフィス内の湿度については、事務所衛生基準規則等に基づき、空調設備や加湿器を適切に使用することにより、相対湿度40%〜70%になるよう努める。寒冷期は適度な保湿が感染拡大防止に有効であると考えられていることに配慮する。

他人と共用する物品や手が頻回に触れる箇所を工夫して最低限にする。

人と人が頻繁に対面し、かつマスクの着用を徹底できない場所は、アクリル板・透明ビニールカーテンなどで遮蔽する。

外勤は公共交通機関のラッシュの時間帯を避けるなど、人混みに近づかないようにする。

出張については、地域の感染状況や出張先の感染防止対策に注意する。

外勤時や出張時には面会相手や時間、経路、訪問場所などを記録に残す。

会議やイベントはオンラインで行うことも検討する。

株主総会については、事前の議決権行使を促すことなどにより、来場者のない形での開催も検討する。

会議を対面で行う場合、マスクを着用し、換気に留意する。また、椅子を減らしたり、机などに印をつけたりするなど、近距離や対面に座らないように工夫する。

対面の社外の会議やイベントなどについては、感染防止対策などを確認したうえで、最小人数とし、マスクを着用する。

採用説明会や面接などについては、オンラインでの実施も検討する。

テレワークを行うにあたっては、厚生労働省のガイドラインなどを参照し、労働時間の適正な把握や適正な作業環境の整備などに配慮する。

(5) 休憩・休息スペース

共有する物品（テーブル、椅子など）は、定期的に消毒する。

使用する際は、入退室の前後の手洗いを徹底する。

喫煙を含め、休憩・休息をとる場合には、できる限り2メートルを目安に顔の正面から距離を確保するよう努め、一定数以上が同時に休憩スペースに入らないよう、休憩ス

ペースの追設や休憩時間をずらすなどの工夫を行う。

　特に屋内休憩スペースについては、スペース確保や、常時換気を行うなど、3つの密を防ぐことを徹底する。

　食堂などで飲食する場合は、時間をずらす、椅子を間引くなどにより、顔の正面からできる限り2メートルを目安に距離を確保するよう努める。施設の制約などにより、これが困難な場合も、対面で座らないように配慮する。

⑹　トイレ

　便器は通常の清掃で問題ないが、使用頻度の高いときは清掃も1日複数回行うなど、清潔に保つ。

　トイレに蓋がある場合、蓋を閉めてから汚物を流すよう表示する。

　共通のタオルは禁止し、ペーパータオルを設置するか、従業員に個人用タオルを持参してもらう。ハンドドライヤー設備は、メンテナンスや清掃等の契約等を確認し、アルコール消毒その他適切な清掃方法により定期的に清掃されていることを確認する。

⑺　設備・器具

　ドアノブ、電気のスイッチ、手すり、エレベーターのボタン、ゴミ箱、電話、共有のテーブル・椅子などの共有設備については、頻繁に洗浄・消毒を行う。

　ゴミはこまめに回収し、鼻水や唾液などがついたゴミがある場合はビニール袋に密閉する。ゴミの回収など清掃作業を行う従業員は、マスクや手袋を着用し、作業後に手洗いを徹底する。

　　※　設備・器具の消毒は、次亜塩素酸ナトリウム溶液やエタノールなど、当該設備・器具に最適な消毒液を用いる。

⑻　オフィスへの立ち入り

　取引先等を含む外部関係者の立ち入りについては、必要な範囲にとどめ、当該者に対して、従業員に準じた感染防止対策を求め、立ち入り者を記録する。

　名刺交換はオンラインで行うことも検討する。

⑼　従業員に対する感染防止策の啓発等

　従業員に対し、感染防止対策の重要性を理解させ、日常生活を含む行動変容を促す。このため、政府・専門家の発表している「『新しい生活様式』の実践例」「職場におけるコロナ感染症対策のお知らせ」（特にトイレや休憩・休息スペース等、"場の切り替わり"での対策等）を周知するなどの取り組みを行う。

　従業員に対し、新型コロナウイルス接触確認アプリ（COCOA）の利用を呼びかける。COCOAを通じて接触の通知を受けた従業員に対しては、検査とともに、検査結果が出

るまでの自己隔離を促す。

　公共交通機関や図書館など公共施設を利用する従業員には、マスクの着用など咳エチケットの励行、車内など密閉空間での会話を控えることなどを徹底する。

　患者、感染者、医療関係者、海外からの帰国者、その家族、児童等の人権に配慮する。

　新型コロナウイルス感染症から回復した従業員やその関係者が、事業場内で差別されることなどがないよう、従業員に周知啓発し、円滑な職場復帰のための十分な配慮を行う。

　発熱や味覚・嗅覚障害といった新型コロナウイルス感染症にみられる症状以外の症状も含め、体調に思わしくない点がある場合、濃厚接触の可能性がある場合、あるいは、同居家族で感染した場合、各種休暇制度や在宅勤務の利用を奨励する。

　過去14日以内に政府から入国制限されている、または入国後の観察期間を必要とされている国・地域などへの渡航並びに当該在住者との濃厚接触がある場合、自宅待機を指示する。

　取引先企業にも同様の取り組みを促すことが望ましい。

⑽　**感染者が確認された場合の対応**

①　従業員の感染が確認された場合
　保健所、医療機関の指示に従う。

　感染者の行動範囲を踏まえ、感染者の勤務場所を消毒し、同勤務場所の従業員に自宅待機させることを検討する。

　感染者の人権に配慮し、個人名が特定されることがないよう留意する。なお、新型コロナウイルス感染症の感染拡大防止を目的とした個人データについては、個人情報保護に配慮し、適正に取り扱う。

　オフィス内で感染者が確認された場合の公表の有無・方法については、上記のように個人情報保護に配慮しつつ、公衆衛生上の要請も踏まえ、実態に応じた検討を行うものとする。

②　複数社が混在する借用ビル内で同居する他社の従業員で感染が確認された場合
　保健所、医療機関およびビル貸主の指示に従う。

⑾　**その他**

　総括安全衛生管理者や安全衛生推進者は、地域の保健所の連絡先を把握し、保健所の聞き取りなどに協力する。

chapter

2

医師による診断の
受診命令

> 　従業員の健康管理は企業の責務でもあります。コロナウイルス感染に限らず、職場の安全衛生を図るためには、体調を崩していると思われる従業員への早めの対応は重要になってきます。
> 　特に感染症の場合、罹患した従業員のみならず、周囲の他の従業員への感染防止を図ることも企業の安全配慮義務の一つになります。従業員のプライバシー保護を図りつつも、安全な職場環境を維持するための制度を設けることが有益です。

規定例 17 医師への診断の指示命令の追加など

（健康管理義務）

第62条　労働者は、常に自己の生活を律し、健康管理に留意し、心身ともに健全な状態で勤務するよう努めなければならない。

　2．労働者は、会社が事業所における安全衛生のために定める細則、ガイドライン、指示命令等に従わなければならない。

（健康診断）

第63条　会社は労働者に対して、法令に定めるところに従い、採用時および毎年1回（深夜業その他特定有害業務に従事する従業員は6カ月毎に1回）定期的に健康診断を行う。労働者はこれを正当な理由なく、拒むことはできない。

　2．やむを得ない事情により定期健康診断を受診できなかった労働者は、会社の指示に従い個別に健康診断を受診しなければならない。

（感染症等検査）

第64条　会社は、労働者が感染症の予防及び感染症の患者に対する医療に関する法律（平成10年法律第114号。以下「感染症予防法」という。）第6条

第1項に規定する一類感染症、二類感染症、三類感染症、四類感染症、五類感染症、新型インフルエンザ等感染症、指定感染症及び新感染症に該当する感染症またはこれらに準ずる感染性の疾病（以下「感染症等」という。）に感染し、若しくは感染した疑いがあると認める場合において、労働者本人の健康状態、治療の要否及び他の労働者への感染拡大の可能性その他の事情を考慮し、事業場の安全衛生上の対策措置を講ずるために必要があると認めるときは、当該労働者に対し、医師による必要な検査（以下「感染症等検査」という。）を受けるよう命ずることができる。また、当該労働者が感染症等に感染した第三者と同居または長時間接触するなど感染症等に感染する可能性のある状態にあり、若しくは感染する可能性のある状態にあったものと疑われる場合も同様とする。

（診断結果）

第65条 労働者は、第63条に基づく健康診断及び前条に基づく感染症等検査を受診した場合には、会社に対し、その結果を開示した上で報告しなければならない。

2．会社は、労働者が前項に規定する診断結果を報告しない場合には、労働者に対し、会社から健康診断又は感染症等検査を実施した医療機関に対して直接照会を求めることができ、労働者は、これに同意する。

3．労働者は、第63条に規定する健康診断又は前条に規定する感染症等検査の結果、医師による要経過観察、生活改善、要再検査、要精密検査又は要医療などの診断結果が示された場合には、速やかに、診断結果に応じた適切な診察又は治療を受けなければならない。

4．前項に規定する診断結果が示された場合において、労働者の労働に影響を及ぼし、若しくは影響を及ぼすおそれのあるものであるときは、労働者は、会社に対し、労働者の労働条件の変更の要否、軽減措置の実施の要否及びその内容、私傷病休業の要否及び期間、復職の可否及び時期等を判断するために必要な医師の診断書その他の資料を提出しなければならない。

5．前項に規定する場合において、労働者が前項に規定する診断書その他の資料を提出しないときは、労働者は、会社が指定する医師の診断を受けなければならない。この場合、労働者は、会社が指定する医師の診断を受け

ること及びその診断結果の報告を受けることを拒んではならない。

6．会社は、第4項及び前条の診断の結果、当該労働者の休養を要すると判断された場合には、当該労働者に対し、当該労働者の勤務を一定期間禁止することができる。

（指定医健診）

第66条　労働者が次の各号のいずれかに該当する場合には、会社は、当該労働者に対し、会社の指定する医師の診察及び診断を受けることを命じることがある。なお、当該措置は、業務上の必要性に基づくものであるため、労働者は、正当な理由なくこれを拒んではならない。

⑴　傷病による欠勤が連続7日を超える場合

⑵　傷病による長期の欠勤後に出勤を開始しようとする場合

⑶　傷病を理由にたびたび欠勤する場合

⑷　傷病を理由に労働時間の短縮、職務内容又は就業場所の変更を希望する場合

⑸　業務の能率、勤務態度等により、身体又は精神上の疾患に罹患していることが合理的に疑われる場合

⑹　海外における勤務に従事するために渡航する者であって、医師による診察を受ける必要がある場合

⑺　前各号のほか、会社が業務上必要と認める場合

2．労働者は、前項の規定により医師の診察及び診断を受けた場合には、会社が診察及び診断をした医師に対し、診断結果を照会すること及び会社が診断結果を取得することに同意する。

（医師の意見の尊重）

第67条　会社は、第63条に規定する健康診断、第64条に規定する感染症等検査及び前条に規定する診断の結果、労働時間の変更若しくは短縮、職務内容又は就業場所の変更その他労働条件の変更、又は一定期間の休養を求める医師の意見が示されたときは、医師の意見を尊重の上、健康保持上適切な措置を講ずる。

（プライバシーの配慮）

第68条　前5条により会社が取得した社員の健康状況に関する情報は、社員の

労務管理のために必要な限度でのみ用いるものとし、厳重に管理する。

1 従業員の健康管理義務

　従業員（労働者）は労務を提供することが最大の義務ですので、常に自分の健康管理に気を配ることが必要です。とはいえ、これは「病気等で労務提供できなくなると賃金がもらえない」、「解雇される」など従業員自身が不利益を回避するための側面が強いともいえます。自分が感染症に罹患した場合の感染拡大防止、つまり他者への感染を防止するための健康管理というものは雇用契約から直接導き出される従業員の義務とまでは言いにくいところがあります。そのため「労働者は、会社が事業所における安全衛生のために定める細則、ガイドライン、指示命令等に従わなければならない」【規定例17 第62条第2項】と定めることによって、企業が定める感染防止策に従う義務を明記する必要があります。これによって、企業の規律に従って、他の従業員や取引先関係者などへの感染拡大防止のための健康管理を従業員に求めることができるようになるといえます。

　このような従業員の健康管理義務を定める中に、企業が医師による診断を受け

ることを要請することを盛り込むことは可能だと考えられます。

2 感染が疑われる従業員への対応

　事業場内においてコロナウイルスに罹患している（疑いのある）従業員が判明したときは、企業は以下の流れで感染拡大防止のための措置を講ずることが求められます。

感染者を直ちに事業場から退出させる
↓
保健所への報告
↓ 保健所の指示に従って
感染者にPCR検査を実施させる
↓ 検査結果の確認の上で
陽性の場合には隔離措置を求める
事業場内の濃厚接触者の確認
消毒措置と事業所の閉鎖
↓
各関係者への情報提供・共有

　感染症に罹患しているかどうかは医師の検査を経なければ判明しませんが、「少し熱が出たので休む」という従業員が出てきたときに、もしその従業員がコロナ

ウイルスの罹患者であったとすると、同じ事業所の他の従業員にも感染が広がりクラスターが発生する危険が生じます。疑いがあるという段階であっても検査を受けさせるべきですし、同じデスクにいた他の従業員など濃厚接触者（となり得る人）にも検査を薦める必要がでてきます。

従業員の健康診断については労働安全衛生法で一般健康診断（第66条第1項）、特殊健康診断（同条第2項）とストレスチェックの実施（第66条の10）が法令上の義務として存在していますが、感染症のチェックなどについては特段の義務が設けられていません。また、健康診断であっても、あくまで企業（事業主）の義務であって、従業員が受診する義務と定めているものでもありません。

そこで、就業規則において、従業員の健康管理義務の一環として会社（事業主）が命じたときには医師の診断を受け、その結果を会社に報告することを定める必要がでてきます【規定例17第64、65条】。

ただし、受診を義務づけるだけの合理的な理由がある場合に限定することや[※1]、企業の命令として受診させるために就業時間中に有給で実施し、受診料を企業が負担することは必要です。

3 感染症検査等実施の指示命令

民間検査の普及で新型コロナウイルスのPCR検査や抗体検査は比較的容易に受けることが出来るようになっています。そこで、全従業員に対してPCR検査等を受けるよう命ずることができるかも問題になってきます。

全従業員に対する安全配慮義務を負う企業（使用者）からすれば、自覚症状のない感染者からの感染拡大の防止を図るためにも、PCR検査を受けるよう命ずることができるに越したことはないといえます。

これに関しては、就業規則などにおいて、従業員の健康管理のために検診等受診の規定が定められており、その規定が合理的であれば、企業は従業員に対して健康診断の受診を命ずることができるという判例があります[※2]。とはいえ、この判例においても、「健康管理規程の定めている事項がその内容において合理的なものであるかぎりにおいて」従業員は企業の指示に従う義務を負うとしており、無条件で企業が業務命令を出せるものではありません。従ってPCR検査等を受けることについても、具体的その必要性があるなどでなければ従業員に命ずることはできないと考えるべきです。

規則でも感染症予防法で規定された感染症に限定した上で「労働者本人の健康状態、治療の要否及び他の労働者への感染拡大の可能性その他の事情を考慮し、事業場の安全衛生上の対策措置を講ずるために必要があると認めるとき」には検

査を受けることを命ずることができる【規定例17 第64条】としています。

4　診断結果の開示

コロナウイルスに限らず、感染性の強い病床に罹患した（可能性がある）場合、その事実を企業が適切に把握する必要がでてきます。しかし、従業員の病気疾患などはプライバシーに属する事情でもあり、診断結果の開示を拒まれることもあります。そもそも、医師への診断を企業が強制することができるのかも問題になってきます。

ポイント▶ 診断結果の企業への開示

診断結果がどうであったのかは企業の最大の関心事です。コロナウイルスの場合に限らず、例えば従業員がうつ病にかかった場合などにおいても、企業として適切な業務軽減措置を講ずるために、診断結果や医師の所見がどのようなものであったのかを知ることは必要となります。診断結果は本人の同意がない限り診察医も開示はしませんので、確実に会社が従業員の健康状態（疾病の状態）を把握するためには、受診結果の提出を義務づけることが重要になってきます。ただし、従業員のプライバシーへの配慮措置を講ずることも必要になってきます。

これらについては、多くの企業の就業規則で既に規定されているであろう健康管理に関する規定を変更することで対応できると考えられます。規則でも「健康診断及び前条に基づく感染症等検査を受診した場合には、会社に対し、その結果を開示した上で報告しなければならない」【規定例17 第65条第1項】と定めています。

しかし、これだけでは従業員が自発的に診断結果を開示しないことには企業は結果を把握できなくなります。そこで「会社は、労働者が前項に規定する診断結果を報告しない場合には、労働者に対し、会社から健康診断又は感染症等検査を実施した医療機関に対して直接照会を求めることができ、労働者は、これに同意する」【規定例17 第65条第2項】と、企業が自ら診断結果を確認できる（従業員は予め同意する）という規定も設けています[※3]。

ポイント▶ 完治証明書等の提出

感染症に罹患した従業員が「完治」の証明をしない限り復職させない等の取扱いは適切ではありません。就業規則において「復職を希望するときは、会社に対し、医師による診断書その他の資料を添えて復職を希望する旨を申し出る」【規定例20 第32条第2項／125頁】とするのは、医師による「就業できる」かどうか、あるいは就業に際して何らかの制限（時短、負担軽減措置等）を必要と考えるかの意見を求めるためのものであっ

て、「完治した」ということを診断させるものではありません[※4]。

新型コロナウイルスもインフルエンザウイルスも同様ですが「治癒証明書」や「陰性証明書」の提出を復職の条件に求めることは、従業員の復職を不当に妨げる結果になるため実施するべきではありません[※5]。

5　プライバシー保護

病気疾病罹患や入通院などの健康状態にかかる情報は機微情報（一般的に第三者に知られたくない内容で、特に取扱いに配慮が必要な情報。「センシティブ情報」ともいう）で、高度なプライバシーに関わる情報です[※6]。

コロナウイルス感染が広まり始めた当初は、感染したという事実がSNSで拡散されたり、誹謗中傷されるなどの人権侵害行為が数多く発生しました。また、コロナウイルス感染の事実を伝えたところ強い退職勧奨（実際には退職強要ともいえるもの）を受け、職を失ったなどの「被害」を受けた従業員も発生しました。このような事態を生じさせないためにも、企業は従業員の罹患の事実や検査結果等については非常に厳しい管理を行い、一定の権限のある管理者以外はそれらの情報を見ることができないようにするなどの情報管理を徹底することが必要です。

そこで就業規則においては「会社が取得した社員の健康状況に関する情報は、社員の労務管理のために必要な限度でのみ用いるものとし、厳重に管理する」【規定例17第68条】という会社の情報管理の責務を明確に規定するようにしています。

6　COCOAアプリの導入

感染症に罹患した可能性がある従業員に医師の診断を受けさせるにとどまらず、従業員全員に対して感染（濃厚接触）の可能性を明らかにするために「COCOA」（新型コロナウイルス接触確認アプリ）の導入を命じた企業も現実にあります。

肝心のCOCOAが国民の導入率約20%に留まっていたこと（2020年11月17日17時時点2001万件）、検知・通知機能に不具合があったまま長期間放置されていたことなどから、我が国ではもはや普及は絶望的とすら考えられます。しかし、今後コロナウイルスの次の感染症拡大の際にはこの類のアプリがまた登場する可能性はあります。

COCOAは、従業員が保有するスマートフォンに導入するアプリであり、近接通信機能（よく誤解されていますが、GPSなどの位置情報を用いているものではありません）を用いて感染者との接触の可能性を通知するものです。

利用者の氏名、端末識別番号（電話番号）、メールアドレスや位置情報は記録

しないとされています。そのため、従業員のプライバシーを過度に侵害するものとまでは考えられませんが、非就業時間も含め24時間365日、このアプリを起動させておかなければ機能を果たさない部分には注意が必要です。プライベートな時間帯も含めた接触情報を扱うことにな

るため、企業がその情報の提出を一方的に求めることができるのか疑義が生じます。そのため、従業員のプライバシーを侵害しない限度での情報提供の方法を検討して導入を命ずることが必要だと考えられます。

✎ 注釈

※1：「感染症の予防及び感染症の患者に対する医療に関する法律」では、危険性が高い順に一類から五類までの感染症が定められているほか、新型インフルエンザ等感染症（第6条第7項）や、指定感染症（同条第8項）として新型コロナウイルスも指定されている。

これらのうち一類、二類、三類感染症及び新型インフルエンザ等感染症等の患者に対しては、都道府県知事は健康診断の勧告もできるとされている（第17条第1項）。

〈感染症の分類〉

一類感染症：ex.エボラ出血熱、ペスト

二類感染症：ex.結核、重症急性呼吸器症候群（SARSコロナウイルス）、中東呼吸器症候群（MERSコロナウイルス）

三類感染症：ex.コレラ、赤痢

四類感染症：ex.鳥インフルエンザ、マラリア、日本脳炎、デング熱

五類感染症：ex.インフルエンザ（鳥と新型を除く）、水疱瘡、手口足病、風疹

新型インフルエンザ等感染症
　　　　：新型インフルウイルス・再興型インフルエンザ

指定感染症：新型コロナウイルス感染症（COVID-19）を2020年2月14日から1年の間指定

新感染症　：現在該当する具体例なし

※2：「労働者に対し就業規則たる健康管

理規程に基づき、精密検診を受診させ、病院ないし担当医師を指定し、検診実施の時期を指示する業務命令は、その内容・方法に合理性、相当性が認められる限り、労働者の診療を受ける自由および医師選択の自由を侵害することにはならない」とし、会社が命じた各専門医による総合精密検診を受診すべき旨の業務命令等に違反したことを理由とする懲戒戒告処分も有効とした（最高裁 昭61.3.13・日本電信電話公社帯広電報局事件）

※3：医師には法律上の守秘義務があるため、このような規定を就業規則で設けたとしても、個別に従業員が同意しなければ検査結果を開示しないことが多いという現実には留意する必要がある。

※4：本項末掲載で厚生労働省が定める「令和2年度インフルエンザQ&A」（令和2年11月18日時点）【資料11】、「新型コロナウイルスに関するQ&A（企業の方向け）」（令和3年7月5日時点）【資料12】においても、「治癒証明書や陰性証明書の提出を求めることは望ましくありません」「陰性証明を提出する必要はありません」としている。

※5：そもそも新型コロナウイルスの場合、陽性になったためになされた入院・自宅療養などの隔離措置が終了しても何の証明書も出ない。宿泊療養の場合に発行されるのも、完治したなどではなく単に宿泊療養期間を満了したという「宿泊

療養証明書」の発行だけである。

※6：プライバシーマーク取得の基準である「JIS Q 15001：2006」においても「保健医療又は性生活に関する事項」は、思想信条などとともに特定の機微情報としている。明示的に本人の同意がある場合、法令に基づく場合、人の生命・身体または財産の保護のために必要がある場合で本人の同意を得ることが困難である場合などの特定の場合を除き、個人情報取扱事業者は取得、利用または提供を行わないものとしている。

個人情報保護法においても「本人の人種、信条、社会的身分、病歴、犯罪の経歴、犯罪により害を被った事実その他本人に対する不当な差別、偏見その他の不利益が生じないようにその取扱いに特に配慮を要するものとして政令で定める記述等が含まれる個人情報」（第2条第3項）は「要配慮個人情報」として特に厳格な取扱いが求められている。

資料11　令和2年度インフルエンザQ&A（令和2年11月18日時点）

厚生労働省

Q18：インフルエンザにり患した従業員が復帰する際に、職場には治癒証明書や陰性証明書を提出させる必要がありますか？

診断や治癒の判断は、診察に当たった医師が身体症状や検査結果等を総合して医学的知見に基づいて行うものです。インフルエンザの陰性を証明することが一般的に困難であることや、患者の治療にあたる医療機関に過剰な負担をかける可能性があることから、職場が従業員に対して、治癒証明書や陰性証明書の提出を求めることは望ましくありません。

10　その他（職場での嫌がらせ、採用内定取消し、解雇・雇止めなど）

〈検査結果の証明について〉

問7：労働者を就業させる上で、労働者が新型コロナウイルス感染症に感染しているかどうか確認することはできますか。

　現在、PCR検査は、医師が診療のために必要と判断した場合、又は、公衆衛生上の観点から自治体が必要と判断した場合に実施しています。そのため、医師や自治体にPCR検査が必要と判断されていない労働者について、事業者等からの依頼により、各種証明がされることはありません。

　また、新型コロナウイルス感染症患者については、医療保健関係者による健康状態の確認を経て、入院・宿泊療養・自宅療養を終えるものであるため、療養終了後に勤務等を再開するに当たって、職場等に、陰性証明を提出する必要はありません。

　PCR検査を実施した医療機関や保健所において、各種証明がされるかどうかは、医療機関や保健所によって取扱いが異なりますが、国内での感染者数が増える中で、医療機関や保健所への各種証明の請求についてはお控えいただくよう、お願いします。

　なお、PCR検査では、検体採取の際の手技が適切でない場合や、検体を採取する時期により、対象者のウイルス量が検出限界以下となり、最初の検査で陰性になった者が、その後陽性になる可能性もあり得ます。

感染発生時の事業所閉鎖等

> " パンデミック発生時には、否応なしに事業場を閉鎖しなければならない事態も発生します。新型コロナウイルスでは行政からの「要請」により「事実上」営業を自粛し事業場の閉鎖を強いられた企業も多く出ました。
>
> 企業の本意とはいえない事業場閉鎖の場合の休業をどのように扱うのかのルールも定めておくことが、有事の労使トラブルを回避するために有益だと考えられます。

規定例 18 感染防止策、事業所の閉鎖などの就業規則への追加

（事業所の閉鎖等）

第85条 会社は、感染症の予防及び感染症の患者に対する医療に関する法律（平成10年法律第114号）、新型インフルエンザ等対策特別措置法（平成24年法律第31号）その他の法令又は監督官庁若しくは都道府県知事その他の公的機関の勧告、要請又は指示命令（以下「勧告等」という。）を受けた場合において、労働者の安全衛生の維持及び就業環境の確保ために勧告等に従う必要があると認めるときは、全部又は一部の事業場における営業時間を短縮し、又は閉鎖する措置（以下「短縮等措置」という。）を講ずることがある。

2．前項に規定する短縮等措置においては、会社は、短縮等措置に係る事業場に所属する労働者に対し、休業を命ずることができる。

休業・時短営業要請

新型コロナウイルス感染が広がる中で、新型インフルエンザ等対策特別措置法の改正が行われ「緊急事態宣言」と「まん延防止等重点措置」の2本立てで飲食店をはじめとする各事業者に対して休業（緊急事態宣言の場合のみ）や時短営業の命令・要請を都道府県知事が行うことができるようになりました。これに違反した場合の罰則として過料も設けられています。

社会全体での感染予防策（マスク、消毒、仕切設置等）の定着もあり、第一波発生当初と比べると事業所を全面閉鎖しなければならない事態は減少してきました。日常的なマスク着用、飛散防止シールドの設置、消毒などの徹底も進み、昨年の春先のような予期せぬ大規模クラスターは減っていくと思われます。しかし、令和3年7月12日には東京都に4回目の緊急事態宣言が出されるなど、飲食店に対しては国・地方公共団体からの自粛要請が繰り返し出されています。

行政からの命令でなくても、事業場でクラスターが発生した場合には業務を停止して、感染防止措置を取り終えるまでは閉鎖する必要も出てくるかもしれません。このような場合に備えて、事業場の閉鎖をする場合の規定を設けておくことも必要になってくると考えられます。

ポイント▷ 自粛要請と事業場閉鎖

コロナウイルス感染発生当初は、法制度も不完全でしたし「とにかく感染を抑える」ことが社会全体の至上命題でした。そのため、事業所（特に店舗）の閉鎖や営業時間の短縮は、地方公共団体の自粛要請で行われました。どの企業も好き好んで営業を自粛したわけではないですが、実際に事業所の閉鎖や時短営業となれば、後述する従業員への休業補償の有無に直結する問題を生じます。

今後も、新型コロナウイルスに変わる未知の感染症が登場した場合には、同じ歴史を繰り返す可能性があります。そこで、営業自粛要請のような場合には外的要因に起因し、企業の自力では防止が不可能な事態に基づく休業（企業の「自主的な休業」とは違う）をすることができるような規定を設けておくことも有益だと考えられます【規定例18第85条】。

---

chapter
4

病気休暇と事業場外での就業

❝　従業員の病気休暇と復職の扱いは、客観的・合理的な基準と手続を定めておくことが紛争予防に資するものです。それが他面では従業員の健康的な就業にも繋がります。
　感染症に罹患した場合には、従業員本人は就業ができる体調であるものの、感染拡大防止のために休業を命じなければならないということもあります。このような場合に臨時的に在宅勤務をさせる規定を設けておくことも合理的な企業運営に役立ちます。

規 定 例 19 ｜ 退職・解雇についての規定

（退職）

第55条　前条に定めるもののほか、労働者が次のいずれかに該当するときは、退職とする。

① 　退職を願い出て会社が承認したとき、又は退職願を提出して＿＿日を経過したとき

② 　期間を定めて雇用されている場合、その期間を満了したとき

③ 　第10条に定める休職期間が満了し、なお休職事由が消滅しないとき

④ 　死亡したとき

（2項略）

（解雇）

第56条　労働者が次のいずれかに該当するときは、解雇することがある。

① 　勤務状況が著しく不良で、改善の見込みがなく、労働者としての職責を果たし得ないとき。

② 　勤務成績又は業務能率が著しく不良で、向上の見込みがなく、他の職務にも転換できない等就業に適さないとき。

③ 　業務上の負傷又は疾病による療養の開始後3年を経過しても当該負傷

又は疾病が治らない場合であって、労働者が傷病補償年金を受けているとき又は受けることとなったとき（会社が打ち切り補償を支払ったときを含む。）。

④ 精神又は身体の障害により業務に耐えられないとき。

⑤ 試用期間における作業能率又は勤務態度が著しく不良で、労働者として不適格であると認められたとき。

⑥ 第78条第2項に定める懲戒解雇事由に該当する事実が認められたとき。

⑦ 事業の運営上又は天災事変その他これに準ずるやむを得ない事由により、事業の縮小又は部門の閉鎖等を行う必要が生じ、かつ他の職務への転換が困難なとき。

⑧ その他前各号に準ずるやむを得ない事由があったとき。

（2項以下略）

規定例 20 私傷病休暇、復職についての規定

（私傷病休暇）

第30条 労働者が負傷又は疾病のため療養する必要があり、その勤務しないことがやむを得ないと認められる場合には、医師による診断結果に基づき、休職開始後6日目以降、18カ月の期間を上限として療養に必要な期間、病気休暇（以下「私傷病休暇」という。）を付与する。

2. 前項に規定する私傷病休暇の期間は、同一の休暇事由による休職ごとに付与する。ただし、直接の負傷又は疾病及びこれに伴って生じた事由（合併症、薬物症、精神的疾患などを含む。）を含めて同一の事由とする。

（復職）

第32条 労働者が第30条に基づき私傷病休暇を取得した場合において、会社が付与した私傷病休暇に係る休暇期間の満了に際し、労働者が復職を希望するときは、会社に対し、医師による診断書その他の資料を添えて復職を希望する旨を申し出る。

2．会社は、前項の規定により、労働者から復職を希望する旨の申し出を受けた場合には、労働者が提出した医師による診断書その他の資料に基づいて復職の可否及び時期を判断する。

3．労働者は、負傷又は疾病から早期に回復したことにより、療養のために必要な私傷病休暇に係る休暇期間を繰り上げることが可能である場合には、私傷病休暇に係る休暇期間満了前であっても、復職を希望する旨を申し出ることができる。この場合、会社は、その時点において、労働者が提出した医師による診断書その他の資料に基づいて復職の可否及び時期を判断する。

4．会社は、私傷病期間中の労働者の復職の可否及び時期を判断するため必要があると認めるときは、当該労働者に対し、随時診断書の提出又は会社の指定する医師による診察を受けるよう命ずることができ、当該労働者は、正当な理由のない限り、これを拒むことはできない。

5．会社は、労働者が復職する場合には、私傷病休暇取得前の部署における担当業務に従事させる。ただし、担当業務の状況、社内部署の変動、代替要員の補充の状況、当該労働者の身体的又は精神的状況及び希望などを考慮し、私傷病休暇取得前の担当業務に復帰させることが適当でないと認めるときは、会社は、当該労働者の復職予定時における業務状況等を踏まえ、会社が復職する部署及び担当業務を指定する。

6．会社は、労働者を復職させる場合において、労働時間の変更若しくは短縮、職務内容又は就業場所の変更その他の労働条件の変更（以下、本項において「就労軽減措置等」という。）を求める医師の意見が付されたときは、当該意見を踏まえて、復職の可否、時期及び復職後の担当業務を指定する。ただし、業務上その他の事由により、医師の意見に沿った就労軽減措置等を講ずることができないとき、又は、就労軽減措置等を講ずることが適当でないと認めるときは、当該労働者の復職を認めないことができる。

1　私傷病休暇

新型コロナウイルスを始めとする感染症に罹患したために就業できなくなった場合、原則として業務外の事由によるものと考えられるため、従業員は欠勤扱いになります。感染の結果、入院に至ったり、回復が遅れるような場合には私傷病休暇を取ることもできるようになります(※1)。

私傷病休暇はどの企業でも取り入れている制度ですが、従業員が加入している健康保険組合から傷病手当金が支給されるため、それに合わせて18カ月を上限に設定している場合が多いです(※2)。

「休職期間が満了し、なお休職事由が消滅しないとき」**【規定例19第55条第1項3号】**には「退職とする」として当然退職になるか、「精神又は身体の障害により業務に耐えられないとき」**【規定例19第56条1項第4号】**として普通解雇になります。

ポイント▶ 同一の休暇事由

交通事故で入院して私傷病休暇を取得し、職場復帰した後に、次はガンで入院したというような場合には、休暇取得の原因となった事由が異なるため、休暇期間は別個に計算されます。しかし、ガンで入院し、その後抗がん治療の副作用でさらに入院したという場合、根源となる原因はガン一つだといえます。診断書が最初は「大腸ガン」、その後ガンの治療の後に「末梢神経傷害」などとなっている場合、形式的には別の病症だとみえますが、実態はガン及びその治療に伴う副作用として一体と捕らえるべきといえます。従って、「直接の負傷又は疾病及びこれに伴って生じた事由（合併症、薬物症、精神的疾患などを含む。）を含めて同一の事由とする」**【規定例20第30条第2項】**などと定めておく方が良いです。

2　復職

感染症に罹患した従業員が復職する場合、その感染症によっては休暇前の業務にそのまま戻ることに支障がでる場合もあります。新型コロナウイルスの場合も、高度の倦怠感、呼吸苦等の後遺症が高頻度で発生することが分かっています。そのため復職においては従業員には必ず医師の診断を受けさせ、医師の診断・意見を出させるようにします**【規定例20第32条第1、2項】**。

「感染症検査等実施の指示命令」（115頁）でも説明したように、コロナウイルスが完治したという証明は医師も出せません。ここで求めている医師の診断・意見は、感染症に罹患した従業員の職場復帰に就業制限が必要かどうかを企業が判

断するためのものです。

注釈

※１：事業場でクラスターが発生している にもかかわらず企業が適切な感染防止策 を講ずることもなく、漫然と従業員に業 務遂行を命じたなど、感染拡大が予見で きたのにそれを回避しなかったような場 合には、事業主としての安全配慮義務に も違反するだけでなく公傷（労災）と認 定される場合も出てくると考えられる。

※２：業務外の事由による病気やケガの療 養のため仕事を休んだ日から連続して３

日間（待期期間）の経過後、４日目以降 の就業できなかった日数に対して、標準 報酬月額を基準にして、その30分の１ の３分の２の額（１カ月を30日換算で 日額を算出し、その日額の３分の２）を 傷病手当金として支給を受けることがで きる（健康保険法第99条第１、２項）。 この傷病手当金が支給される期間が支給 開始した日から最長１年６カ月（18カ 月）である（支給開始日から暦換算で最 長１年６カ月分）。

規定例 21 在宅勤務（臨時）の規定

（在宅勤務等）

第89条　会社は、前４条に規定する場合において、労働者が所属する事業場に おける労働が困難であり、又は事業場における労働を回避することが相当 であると認めるときは、当該事由が解消するまでの間、当該事業場に所属 する労働者に対し、次の各号に定める暫定的措置（以下「在宅勤務等措置」 という。）を命ずることができる。

⑴　他の事業場への一時的な移動

⑵　会社が指定する事業場外の場所における勤務

⑶　労働者の自宅又はこれに準ずる場所における勤務

⑷　都道府県が指定する宿泊施設（感染症予防法第44条の３第２項に規 定する宿泊施設をいう。）における勤務

２．前項に規定する在宅勤務等措置を命じた場合における労働時間の管理そ の他の事項は、会社が別途指示する方法により実施する。

３．会社は、在宅勤務等措置を命じたことに伴い、必要があると認めるとき は、労働時間の一時的な変更又は短縮を命じることができる。この場合、 労働時間の一時的な変更又は短縮が会社の責めに帰することができない事

由に基づく場合には、休業補償を行わない。

4．第1項に基づく在宅勤務等措置の実施する期間及び終了に関しては、第32条第6項の規定を準用する。

3　一次的な在宅勤務の実施

　感染症検査の結果陽性だった従業員は、他の従業員への感染予防のために出勤を制限せざるを得ません。しかし、陽性ではあるが症状が出ていない（軽度である）ために就業できると従業員が言ってきた場合、実際に仕事ができる状況であれば、病気休暇（非就業）とするのは非効率的です。就業できるのであれば、してもらうに越したことはありません。従業員にとっても、病気休暇で無給欠勤になるのは影響が大きいと感じられるはずです[※1]。

　平時を含めた制度としての在宅テレワークについては、第2部Chapter2で取り扱いましたが、第3部Chapter1の「3　感染したりその恐れのある従業員への対応」で取り扱った事業場への立ち入り禁止に伴う場合や、感染はしたが軽度で業務遂行に支障が無いなど一次的（臨時的）に在宅テレワークを実施するという場合には、それに見合った規定、つまり暫定的なテレワーク実施のための規定

を設けておくのが有益です【規定例21第89条】。

　新型コロナウイルスについては、陽性反応が出た場合で、無症状病原体保有者（症状はないが検査による陰性確認がされていない者）、または軽症であって、症状や検査所見等を踏まえ入院治療を要しないと医師が総合的に判断した人については、地方公共団体が提供する宿泊療養施設が利用できる仕組みを設けています。将来発生する新たな感染症の場合にも同様の措置が取られる可能性がありますので、在宅テレワークの場所については従業員の自宅に限定するのではなく、宿泊療養施設なども含ませるのがいいでしょう。

　暫定的なテレワークですのでいつをもって終了させて出勤させるのかも考慮しておく必要があります【規定例21第89条第4項】。コロナウイルス感染の場合、完治した証明（診断書）は出ません。従って宿泊療養の場合との均衡から、発症日から10日間経過し、かつ症状軽快後72時間が経過したら事業場への立入制限を解除するという扱いにせざるを得ない

のが現状です。ただし、このような期間まで細かく就業規則に記載することはせず、運用面で対応する方が望ましいと考えられます。

なお、宿泊療養を従業員が利用した場合には、宿泊療養証明書が発行されますので、復職にあたってその提出は求めても問題ないと考えます。

注釈

※1：自覚症状がないが陽性と判定されたために自宅療養、宿泊療養となった場合、その欠勤は使用者（企業）の責に帰すべき事由にはよらないため休業手当（賃金の100分の60）の支給の対象にはならないが、健保組合の傷病手当金の支給対象にはなりうる。

休業補償

> 　病気であれ、感染防止のためであれ、就業できなかった従業員に対する生活の補償は考えなければなりません。とはいえ、感染症の場合、休業を強いられる企業も大きな痛手を被り倒産の危機にも瀕します。
> 　どのような基準で、どのような補償をするのかについては、就業規則の定めだけでなくその知識を正確に理解しておくことがとても重要です。

規定例 22 休業補償等に関する規定

（休業補償）

第90条　会社側の責に帰する事情によって労働者が就業できなかった場合は、民法第536条第2項によらず労働基準法第26条に従って休業補償を行う。

（事業所閉鎖等に伴う補償）

第91条　事業所の閉鎖、営業時間の短縮等が、外的要因に起因し会社の自力では防止することができない事態に基づくときであって、代替就業を確保することができない場合における休業については、会社は休業に伴う補償は行わない。ただし、会社は可能な限り、労働者の生活維持のために必要となる措置を講ずることに務めるものとする。

2．第88条第1項(5)に基づき会社が出勤停止等を命じた場合（第89条による在宅勤務等の扱いを受けた場合を除く）において、第64条による検査（またはこれに準ずる検査）の結果、出勤停止等を命ずる事由がなかったことが明らかになった労働者に対しては、会社が命じた出勤停止等の期間について前条の休業補償を行う。

1 休業手当

コロナウイルスの影響で営業自粛に至った場合の従業員の生活保障は大きな問題となりました。特に都道府県知事からの営業自粛要請をまともに受けた業種では、経営者の意向に反して予期せぬ営業停止を強いられる結果となり、固定経費（家賃、賃金等）の支払原資が枯渇した企業も多くあります。政府の雇用調整助成金も支給額には限度があり、休業期間中の従業員に対して何らかの金銭補償をするべきかどうか、企業にとっても非常に頭の痛くなる問題となりました。

労基法では、労働者の生活を保護するために、使用者の責めに帰すべき事由による休業の場合には平均賃金の100分の60以上の手当（休業手当）を支給しなければならない（第26条）という規定が設けています[※1]。

「使用者の責に期すべき事由」に該当するのかどうかは、今回のコロナウイルス感染防止のための営業自粛要請において大きな問題となりました。

「使用者の責に帰すべき事由」ではない（従って休業手当の支給義務が発生しない）場合は不可抗力とほぼ同様だと考えられています。ただし、不可抗力とまではいえなくても、企業とは関係のない事由によって発生し（外部起因性）、企業においてこれを防止することができない（防止不可能性）場合の休業は使用者の責に期すべき事由ではないとして休業手当は要しないとされています[※2]。

> **労基法26条の休業手当**
> 「不可抗力」に該当しないかぎりは使用者の責に帰すべき事由とされる
> ↓
> ① その原因が事業の外部より発生した事故であること
> ② 事業主が通常の経営者として最大の注意を尽くしてもなお避けることのできない事故であること
> の両方の要件を満たした場合にのみ不可抗力であると判断される

なお、これについては【資料13：厚生労働省「新型コロナウイルスに関するQ&A（企業の方向け）」】もご参照ください。

2 休業要請による休業と休業手当

コロナウイルスに関する営業自粛要請のようなケースでは、従業員に休業手当を支給するかどうかは、単に自粛要請を受けたというだけでは足りず、在宅テレワークの実施が可能ならばそれを実施したか、店舗が休業になっても内勤など他の業務を行わせる余地がなかったのかな

どの事情も考慮して判断することになります(※3)。

法的に従う義務を負う休業、時短の「命令」と、法的な拘束力を伴うものではない「要請」では意味合いが異なります(※4)。休業「要請」においては最終的にそれに従うかどうかは各事業者の自主的な判断ということになります。たとえいわゆる自粛警察がSNSに投稿するなどの事実上の社会的強制力があるということであっても、法律の根拠に基づき営業停止を命ずるものとは異なるとされます(※5)。

そのため、休業要請等を受けたために事業場（店舗等）を閉鎖する場合には、休業補償は行わない（休業手当は支給しない）旨を就業規則でも明記しておくことには意味があると考えられます【規定例22第91条第1項】。ただし、休業要請を受けたこと一点のみをもって「使用者の責に帰すべき事由」ではないとするのではなく、現実に出された要請の内容、その時点における社会情勢、企業の経営状況などの事情を踏まえて個別に検討した上で判断するべきではあります。

使用者の責に期すべき事由かどうかは就業規則の記載のみで結論が決まる訳ではありませんが、自粛要請などの場合には休業手当を支給しないこともあることを明確にしておくことは以後の紛争（当然に休業手当を支給されると思っていた従業員から支払要求を受ける等）を予防

する観点では有益かもしれません。

3　休業補償と休業手当

「休業手当」というのは労基法第26条が定めている法律上の制度で、従業員の賃金などを補填する意味合いで広く使われている「休業補償」の一つだと考えてください。

使用者の責に帰すべき事由による休業や時短営業などの場合においても、休業に伴う従業員の補償が賃金の60%でよいのか、満額の支払いを要するのかの問題もあります。

労基法第26条の規定とは別に、民法は危険負担（第536条第2項）というルールを定めています。危険負担のルールが適用される範囲（民法で定めている「使用者の責に帰すべき事由」の範囲）は労基法第26条のそれよりも狭いとされますが、危険負担の規定が適用できる場合には企業は100%の債務の履行、つまり賃金全額の支払いが求められます。そのため、民法の危険負担が適用できるケースの場合には、従業員が労基法第26条に基づく休業手当ではなく、反対給付の履行を拒むことができないことに基づき、賃金の全額を企業に請求できるということになります。

労基法第26条の「債権者の責に帰すべき事由」		民放第536条第2項の「債権者の責に帰すべき事由」
↓	>	↓
休業手当100分の60		本来の債務の履行100分の100

　労働者の権利については、一般法である民法よりも特別法である労働法（労基法）によって規律するべきと考えます。しかしながら、民事上の危険負担については雇用契約関係では当然に排除されているものではなく、労働契約などでこれを排除する旨の合意（あるいは就業規則・賃金規程での規定）がなければ、危険負担による賃金支払い請求権は残るという見解が強いです(※6)。従って就業規則において、休業補償は労基法第26条によって取り扱う旨を明確にしておく方が望ましいといえます。「会社側の責に帰する事情によって労働者が就業できなかった場合は、民法第536条第2項によらず労働基準法第26条に従って休業補償を行う」【規定例22第90条】と明確に規定をしたのはその理由によります。

　なお、賃金、休業手当、休業補償の関係については【資料14：従業員の休業・休暇と賃金等】にまとめてみましたので、こちらで把握して頂ければと思います。

ポイント▶ 出勤停止と休業補償

　「感染症等に感染し、またはそのおそれがあると認めるとき」【規定例16第88条1項(5)】に、企業はその従業員に対して出勤の停止や事業場への立入りを禁止することで、感染症の拡大防止を図ることができるようにする規定を設けました。しかし、感染のおそれがあると判断したものの結果的には感染していなかったなどの場合には、従業員にとっては濡れ衣を着せられた上に労務提供を企業に拒否されたということにもなります。

　従業員本人は罹患していなかったのですから、結果的に企業が自己の都合（他の従業員への感染防止などの企業としての安全配慮策の実施）で出勤させなかったことになります。企業の責に帰すべき事由での非就業ですので、この場合には出勤停止の時点に遡っての休業補償をする必要が出てくると考えられます。「検査（またはこれに準ずる検査）の結果、出勤停止等を命ずる事由がなかったことが明らかになった労働者に対しては、会社が命じた出勤停止等の期間について前条の休業補償を行う」【規定例22第91条第2項】としたのは、この補償を明確にするためです。

　補償額については、自宅待機命令と同様に、遡って「出勤していたとみなす」扱いにすることで賃金100%分の支給にすることも考えられます。しかし、企業

も営業活動が制約を受けている中での補償なので、「自宅待機命令」ではない休業として60%分の支払いをするだけで精一杯というのが現実かもしれません。規定例では休業手当と同額としてあります【規定例22第91条第2項の「前条の休業補償を行う」】。

4　休業手当の支給額

　労基法の定めるところに従って賃金の60%分を支払う場合、単純な手取額の60%にはならず、ほとんどの場合、計算された支給額は平時の賃金の半分以下になってしまいます【資料15：平均賃金の計算例と休業手当】。

　従業員が考えていた「60%」と、実支払額の乖離の大きさもトラブルの原因となりましたので、休業になるときには早い段階で従業員に見込額を示すなどの運用をすることも重要です。

　営業自粛要請などを受けた企業が死活

問題に陥るのは当然ですが、一般的には企業よりも従業員個々人の生活基盤の方が弱いといえます。従業員あってこその企業であり、従業員が生活破綻をしてしまっては元も子もないことから、各種助成金の活用や、任意の休業手当（労基法の定める60%への上乗せ）など、可能な限り従業員の生活維持のための施策を講ずることに努めることも盛り込んでおく方が望ましいです。努力義務であれば、実際の企業の台所事情に照らしながら「できないものはできない」という結果になっても企業の責任にはなりません。しかし、有事の際に従業員を見捨てるような理念・思想の企業ではないという宣言を掲げることは大事です。

　事業場閉鎖の場合に「会社は可能な限り、労働者の生活維持のために必要となる措置を講ずることに務めるものとする」【規定例22第91条第1項但書】としているのはこのためです。

注釈

※1：労基法第26条に規定されている「使用者の責めに帰すべき事由」については、故意・過失といったものよりも広い事由であるとされている。例えば、工場において卸元から原材料が供給されなかったためにラインを稼働させることができなかったなどの「経営上の障害」も使用者の責に帰すべき事由であるとされている。

※2：不可抗力であると認められたものとしては、ストライキによる休業に対して

会社側に起因する経営管理上の障害ではないとして休業手当の請求を否定した判例がある（最判　昭62.7.17・ノース・ウエスト航空事件）

※3：労働基準法を所管する厚労省（監督課）は当初、コロナウイルス感染防止のための施設・企業での休業は「企業の自己都合」とはいえなくなり、「休業手当を払わなくても違法ではなくなる」ため、ライブハウスや映画館などが営業停止した場合の社員への休業手当について

は「休業手当の支払い義務の対象にならない」との見解を明らかにした。しかし、使用者が休業手当の支払い義務を免れるのは、従業員を不可抗力で休ませるしかない場合で、①その原因が事業の外部により発生したものであるか、②事業主が通常の経営者として最大限の注意を尽くしてもなお避けることができない事態によるものか、について総合的に判断することになるとして営業自粛要請に基づく休業の場合、「一律に休業手当の支払い義務がなくなるものではない」と説明を修正した。この内容は厚生労働省「新型コロナウイルスに関するQ&A（企業の方向け）」（令和3年7月5日時点版）でも、その旨明記されるに至った。この結果、休業手当の支払義務が発生するかどうかは、緊急事態宣言が出されたかどうかだけで画一的に決まるものではなく、「自宅勤務などで労働者を業務に従事させることが可能か」や「労働者に他につかせる業務がないのかなどから総合的に判断される」という見解に変わっている。

※4：新型インフルエンザ等対策特別措置法については、2021年2月3日の改正で休業命令等に応じない事業者に対する行政罰（緊急事態宣言下において、30万円以下の過料、重点措置下においては20万円以下の過料）を設けるという大改正がなされた。

それまでは「要請」にとどまるものに、罰則を伴う「命令」が定められた。命令であれば事業者はこれに従う法的な義務を負うことになるため、休業することは「使用者の責に帰すべき事由」ではないことになる。しかし、改正特措法においても依然として「要請」は残っており、休業要請、時短要請に応じた場合の事業者が「使用者の責に帰すべき事由」として休業手当の支払義務を追うのかどうかの議論は解消されていない。

※5：休業要請においても、正当な理由なくこれに応じない事業者に対しては、都道府県知事は、使用の制限・停止を「指示」したり（新型インフルエンザ等対策特別措置法第45条第3項）、その指示のあったことについて「公表」をする（同第45条第4項）規定もある。これらによって、直接的な義務づけはしていない要請においても、事実上の強制力があると評価することもでき、要請に応じることは事実上不可避である（使用者の責に帰すべき事由ではない）とし、休業手当の支給義務がないという考え方も成り立ち得る。

※6：派遣先からの派遣スタッフの交替要請に応じて、就労できなくなった派遣社員に対して、民事上の危険負担は適用されないが、労基法第26条の休業補償は要するとした裁判例がある（大阪高裁平18.1.6・三都企画建設事件）。

---

4 労働者を休ませる場合の措置（休業手当、特別休暇など）

〈休業させる場合の留意点〉

問1 新型コロナウイルスに関連して労働者を休業させる場合、どのようなことに気をつければよいのでしょうか。

- -

　新型コロナウイルスに関連して労働者を休業させる場合、休業期間中の賃金の取り扱いについては、労使で十分に話し合っていただき、労使が協力して、労働者が安心し休むことができる体制を整えていただくようお願いします。

　休業期間中の賃金の支払いの必要性の有無などについては、個別事案ごとに諸事情を総合的に勘案するべきですが、労働基準法第26条では、使用者の責に帰すべき事由による休業の場合には、使用者は、休業期間中の休業手当（平均賃金の100分の60以上）を支払わなければならないとされています。

　また、労働基準法においては、平均賃金の100分の60までを支払うことが義務付けられていますが、労働者がより安心して休むことができるよう、就業規則等により各企業において、100分の60を超えて（例えば100分の100）を支払うことを定めていただくことが望ましいものです。なお、休業手当を支払った場合、支給要件に合致すれば、雇用調整助成金の支給対象になります。

※ 不可抗力による休業の場合は、使用者の責に帰すべき事由に当たらず、使用者に休業手当の支払義務はありません。ここでいう不可抗力とは、①その原因が事業の外部より発生した事故であること、②事業主が通常の経営者として最大の注意を尽くしてもなお避けることのできない事故であることの2つの要件を満たすものでなければならないと解されています。例えば、自宅勤務などの方法により労働者を業務に従事させることが可能な場合において、これを十分検討するなど休業の回避について通常使用者として行うべき最善の努力を尽くしていないと認められた場合には、「使用者の責に帰すべき事由による休業」に該当する場合があり、休業手当の支払が必要となることがあります。

〈感染が疑われる方を休業させる場合〉
問2　新型コロナウイルスへの感染が疑われる方について、休業手当の支払いは必要ですか。

　　感染が疑われる方への対応は「新型コロナウイルスに関するQ&A（一般の方向け）1. 緊急事態宣言と政府の方針問8「発熱や咳などの症状がある場合には、どうしたらよいですか。」」をご覧ください。

　　これに基づき、「受診・相談センター」でのご相談の結果を踏まえても、職務の継続が可能である方について、使用者の自主的判断で休業させる場合には、一般的に「使用者の責に帰すべき事由による休業」に当てはまり、休業手当を支払う必要があります。

〈新型インフルエンザ等対策特別措置法適用下で、協力依頼や要請などを受けた営業の自粛に伴う休業〉
問7　新型インフルエンザ等対策特別措置法による対応が取られる中で、協力依頼や要請などを受けて営業を自粛し、労働者を休業させる場合、労働基準法の休業手当の取扱はどうなるでしょうか。

　　新型インフルエンザ等対策特別措置法による対応が取られる中で、協力依頼や要請などを受けて営業を自粛し、労働者を休業させる場合であっても、労使がよく話し合って、休業中の手当の水準、休業日や休業時間の設定等について、労働者の不利益を回避する努力をお願いします。
　　また、労働基準法上の休業手当の要否にかかわらず、経済上の理由により事業活動の縮小を余儀なくされた事業主に対しては、雇用調整助成金が、事業主が支払った休業手当の額に応じて支払われます。
　　なお、新型インフルエンザ等対策特別措置法による対応が取られる中で、協力依頼や要請などを受けて営業を自粛し、労働者を休業させる場合であっても、一律に労働基準法に基づく休業手当の支払義務がなくなるものではありません。

労働基準法第26条では、使用者の責に帰すべき事由による休業の場合には、使用者は、休業期間中の休業手当（平均賃金の100分の60以上）を支払わなければならないとされています。不可抗力による休業の場合は、使用者に休業手当の支払義務はありませんが、不可抗力による休業と言えるためには、

① 　その原因が事業の外部より発生した事故であること
② 　事業主が通常の経営者としての最大の注意を尽くしてもなお避けることができない事故であること

という要素をいずれも満たす必要があります。

　①に該当するものとしては、例えば、今回の新型インフルエンザ等対策特別措置法に基づく対応が取られる中で、営業を自粛するよう協力依頼や要請などを受けた場合のように、事業の外部において発生した、事業運営を困難にする要因が挙げられます。

　②に該当するには、使用者として休業を回避するための具体的努力を最大限尽くしていると言える必要があります。具体的な努力を尽くしたと言えるか否かは、例えば、

・ 　自宅勤務などの方法により労働者を業務に従事させることが可能な場合において、これを十分に検討しているか
・ 　労働者に他に就かせることができる業務があるにもかかわらず休業させていないか

といった事情から判断されます。

注）上記の下線部は原文のまま

〈休業手当の支払いが不要な場合の賃金〉
問8　新型コロナウイルス感染症に関連して労働者を休業させ、休業手当の支払いが不要である場合について、労働者に対する賃金の支払いは不要でしょうか。

　そもそも、事業主は、その雇用する労働者のうち、特に配慮を必要とする方について、その事情を考慮して対策を行う等して労働条件の改善に努めなければならないものであり、これは新型コロナウイルス感染症に関連して労働者に休んでいただく場合も同様です。

そのため、新型コロナウイルス感染症に関連して労働者を休業させ、労働基準法の休業手当の支払いが不要である場合についても、労使の話し合いのうえ、就業規則等により休業させたことに対する手当を支払うことを定めていただくことが望ましいものです。

　なお、このような労使の話し合いによって、事業場で有給の特別休暇制度を設ける場合の手続については、問11「特別休暇の導入の手続」をご覧ください。

　また、一般的には、現状において、新型コロナウイルス感染症の拡大防止が強く求められる中で、事業主が自主的に休業し、労働者を休業させる場合については、経済上の理由により事業の縮小を余儀なくされたものとして、雇用調整助成金の助成対象となり得ます。

出勤就労　（労務提供あり）　　　　「**賃金**」発生
　　　　　不出勤が企業の命令に基づくもの　ex. 自宅待機命令
　　　　　　　　労務提供はあり「**賃金**」発生

休業・休暇（労務提供なし）　　　　「**賃金**」は発生しない
　　　①不提供が従業員に起因するもの　ex. 感染症予防法による就業制限
　　　　　　　　賃金不発生（ノーワークノーペイ）
　　　　　　　　ただし私傷病の場合には健保組合の「傷病手当」

　　　②不提供が企業の責に帰するもの　ex. 企業判断による休業・事業場閉鎖
　　　　　　　　労基法 26 条による「**休業手当**」（100 分の 60）

> 民法 536 条 2 項による反対給付の履行（＝賃金：100 分の 100）
> を求められた場合には企業が応じなければならなくなる可能性
> 　⇒ 民法 536 条 2 項も労基法 26 条も適用できる場合には
> 　　 労基法 26 条で対処すると就業規則等で規定して企業の
> 　　 責任の範囲を明確にしておくことが有用

　　　③不提供が企業の責にも帰することができないもの ＝ 不可抗力
　　　　　　　　　　　　　　　　　ex. 緊急事態宣言による休業命令
　　　　　　賃金も手当・補償も発生しない
　　　④ ①②③の場合であっても任意での「**休業補償**」を就業規則で
　　　　定めておくことで従業員に賃金・手当等を支給する、60 ％では
　　　　なく満額を支給する、などと定めることは可能
　　　　　　　注：労基法 26 条に違反して休業手当支給を制限する定めは無効

(1) 月給制正社員（賃金締切日毎月25日）についての計算例

算定期間	①5/26～6/25（31日）　②6/26～7/25（30日） ③7/26～8/25（31日）
基 本 給	20万円／月
通勤手当	6000円／月
扶養手当	2万円／月
超過勤務手当等	①の期間1万円　②の期間3万5000円 ③の期間1万5000円
合計支給額	①の期間23万6000円　②の期間26万1000円 ③の期間24万1000円
総 賃 金	計73万8000円
総 日 数	92日

⇒平均賃金：73万8000円 ÷ 92日 = 8,021.73円／日

この平均賃金で8/26以降1カ月の休業手当を計算すると…
8021.73円 × 20日（所定労働日数＝休業日数）× 60% = 9万6260円

直近3カ月の総賃金の6割という単純計算とは大きな開きが出る
73万8000円 ÷ 3ヶ月 × 0.6 = 14万7600円

(2) 時給制等の社員の計算例

時給・日給の社員の場合には、上記の原則による計算と、最低保証による計算を比較して高い方をもって平均賃金とする

算定期間	①5/26～6/25（31日）　②6/26～7/25（30日） ③7/26～8/25（31日）
時 給	1000円
就業時間	6時間／日
通勤手当	6000円／月
就業日数	①の期間が15日、②の期間が12日、③の期間が12日の合計39日
支給総額	①の期間が9万6000円、②③の期間がそれぞれ7万8000円
総 賃 金	25万2000円

⇒原　　則　25万2000円 ÷ 92日（暦日数）= 2739.13円
　最低保証　25万2000円 ÷ 39日（実就業日数）× 0.6 = 3876.92円
　なので3876.92円をもって平均賃金とする

この平均賃金で8/26以降1カ月の休業手当（予定就労日数15日）を計算すると…
3876.92円 × 15日（予定就労日数＝休業日数）× 0.6 = 3万4892円

モデル就業規則

●就業規則について

　本書掲載のモデル就業規則は、厚生労働省ホームページに掲載されている「モデル就業規則（令和3年4月）」をベースに、新型コロナウイルスに関連する規則を変更・追記したものとなっています。元の就業規則から修正・追加した条項につきましては、赤で下線を引いておりますので、ご参照いただけましたら幸いです。

●ダウンロード版について

　本書掲載のモデル就業規則は、下記QRコード及びURL先にアクセスし、下記ユーザー名とパスワードを入力することでダウンロードできます。なお、181頁からの「テレワークモデル就業規則」も併せてダウンロードされますので両モデルをご活用ください。

URL：**https://www.chosakai.ne.jp/**
　　　data/301866/withcorona-appendix.zip

ユーザー名：**tsuushin**

パスワード：**withcorona**

※ご使用に当たっての注意点

　本書掲載の就業規則につきまして、書籍購入者の理解を深めるため、また皆様のお役に立てればと思い作成しておりますが、皆様の責任のもとでご活用いただくようお願い申し上げます。

　実際の就業規則としての活用・改正にあたっては、皆様の企業の業態・規模・労務管理体制などの諸事情に合わせて適切な内容にする必要がありますので、ダウンロードした規則をそのまま転用することは適切な就業規則にならないことをご留意ください。

　また、本就業規則をご利用になることで生じた、いかなる損害に対しても、筆者及び株式会社労働調査会が補償することはございません。あらかじめご了承ください。

第1章　総則

（目的）

第1条　この就業規則（以下「規則」という。）は、労働基準法（以下「労基法」という。）　第89条に基づき、＿＿＿＿＿株式会社の労働者の就業に関する事項を定めるものである。

2　この規則に定めた事項のほか、就業に関する事項については、労基法その他の法令の定めによる。

（適用範囲）

第2条　この規則は、＿＿＿＿＿株式会社の労働者に適用する。

2　パートタイム労働者の就業に関する事項については、別に定めるところによる。

3　前項については、別に定める規則に定めのない事項は、この規則を適用する。

（規則の遵守）

第3条　会社は、この規則に定める労働条件により、労働者に就業させる義務を負う。また、労働者は、この規則を遵守しなければならない。

第2章　採用、異動等

（採用手続）

第4条　会社は、入社を希望する者の中から選考試験を行い、これに合格した者を採用する。

（採用時の提出書類）

第5条　労働者として採用された者は、採用された日から＿＿＿週間以内に次の書類を提出しなければならない。

　　　① 住民票記載事項証明書
　　　② 自動車運転免許証の写し（ただし、自動車運転免許証を有する場合に限る。）
　　　③ 資格証明書の写し（ただし、何らかの資格証明書を有する場合に限る。）
　　　④ その他会社が指定するもの

2　前項の定めにより提出した書類の記載事項に変更を生じたときは、速やかに書面で会社に変更事項を届け出なければならない。

（試用期間）

第6条 労働者として新たに採用した者については、採用した日から＿＿カ月間を試用期間とする。

2 前項について、会社が特に認めたときは、試用期間を短縮し、又は設けないことがある。

3 試用期間中に労働者として不適格と認めた者は、解雇することがある。ただし、入社後14日を経過した者については、第56条第2項に定める手続によって行う。

4 試用期間は、勤続年数に通算する。

（労働条件の明示）

第7条 会社は、労働者を採用するとき、採用時の賃金、就業場所、従事する業務、労働時間、休日、その他の労働条件を記した労働条件通知書及びこの規則を交付して労働条件を明示するものとする。

（人事異動）

第8条 会社は、業務上必要がある場合に、労働者に対して就業する場所及び従事する業務の変更を命ずることがある。

2 会社は、業務上必要がある場合に、労働者を在籍のまま関係会社へ出向させることがある。

3 前2項の場合、労働者は正当な理由なくこれを拒むことはできない。

（テレワーク勤務）

第9条 会社は、労働者に対し、業務上その他の事由により必要があると認めるときは、当該労働者の所属事業場における勤務に加え、又は当該所属事業場における勤務に代替するものとして、次の各号に定める勤務（以下「テレワーク勤務」という。）を命じることがある。

(1) 労働者の自宅その他自宅に準じる場所（会社指定の場所に限る。）において情報通信機器を利用した業務（以下「在宅勤務」という。）

(2) 会社所有の所属事業場以外の会社専用施設、又は会社が契約（指定）している他会社所有の共用施設において情報通信機器を利用した業務（以下「サテライトオフィス勤務」という。）

(3) モバイル勤務とは、在宅勤務及びサテライトオフィス勤務以外で、かつ、社外で情報通信機器を利用した業務（以下「モバイル勤務」という。）

2 前項の規定のほか、労働者は、会社が許可した場合には、テレワーク勤務に従事することができる。

3 労働者は、前2項に規定するテレワーク勤務に従事するにあたっては、会社が貸与した情報通信機器等又は会社の指定する基準を満たす情報通信機器を用いるものとし、会社の指示に従い、テレワーク勤務に従事するものとする。

4 テレワーク勤務に関する詳細については、テレワークモデル就業規則の定めるところによる。

（休職）

第10条 労働者が、次のいずれかに該当するときは、所定の期間休職とする。

① 業務外の傷病による欠勤が＿＿カ月を超え、なお療養を継続する必要があるため勤務できないとき

＿＿年以内

② 前号のほか、特別な事情があり休職させることが適当と認められるとき

必要な期間

2 休職期間中に休職事由が消滅したときは、原則として元の職務に復帰させる。ただし、元の職務に復帰させることが困難又は不適当な場合には、他の職務に就かせることがある。

3 第1項第1号により休職し、休職期間が満了してもなお傷病が治癒せず就業が困難な場合は、休職期間の満了をもって退職とする。

第3章 服務規律

（服務）

第11条 労働者は、職務上の責任を自覚し、誠実に職務を遂行するとともに、会社の指示命令に従い、職務能率の向上及び職場秩序の維持に努めなければならない。

（遵守事項）

第12条 労働者は、以下の事項を守らなければならない。

① 許可なく職務以外の目的で会社の施設、物品等を使用しないこと。

② 職務に関連して自己の利益を図り、又は他より不当に金品を借用し、若しくは贈与を受ける等不正な行為を行わないこと。

③ 勤務中は職務に専念し、正当な理由なく勤務場所を離れないこと。

④ 会社の名誉や信用を損なう行為をしないこと。

⑤ 在職中及び退職後においても、業務上知り得た会社、取引先等の機密を漏洩しないこと。

⑥ 酒気を帯びて就業しないこと。

⑦ その他労働者としてふさわしくない行為をしないこと。

（職場のパワーハラスメントの禁止）

第13条 職務上の地位や人間関係などの職場内の優越的な関係を背景とした、業務上必要かつ相当な範囲を超えた言動により、他の労働者の就業環境を害するようなことをしてはならない。

（セクシュアルハラスメントの禁止）

第14条　性的言動により、他の労働者に不利益や不快感を与えたり、就業環境を害するようなことをしてはならない。

（妊娠・出産・育児休業・介護休業等に関するハラスメントの禁止）

第15条　妊娠・出産等に関する言動及び妊娠・出産・育児・介護等に関する制度又は措置の利用に関する言動により、他の労働者の就業環境を害するようなことをしてはならない。

（その他あらゆるハラスメントの禁止）

第16条　第13条から前条までに規定するもののほか、性的指向・性自認に関する言動によるものなど職場におけるあらゆるハラスメントにより、他の労働者の就業環境を害するようなことをしてはならない。

（個人情報保護）

第17条　労働者は、会社及び取引先等に関する情報の管理に十分注意を払うとともに、自らの業務に関係のない情報を不当に取得してはならない。

2　労働者は、職場又は職種を異動あるいは退職するに際して、自らが管理していた会社及び取引先等に関するデータ・情報書類等を速やかに返却しなければならない。

（始業及び終業時刻の記録）

第18条　労働者は、始業及び終業時にタイムカードを自ら打刻し、始業及び終業の時刻を記録しなければならない。

（遅刻、早退、欠勤等）

第19条　労働者は遅刻、早退若しくは欠勤をし、又は勤務時間中に私用で事業場から外出する際は、事前に＿＿＿＿＿＿＿に対し申し出るとともに、承認を受けなければならない。ただし、やむを得ない理由で事前に申し出ることができなかった場合は、事後に速やかに届出をし、承認を得なければならない。

2　前項の場合は、第48条に定めるところにより、原則として不就労分に対応する賃金は控除する。

3　傷病のため継続して＿＿＿日以上欠勤するときは、医師の診断書を提出しなければならない。

第4章　労働時間、休憩及び休日

[例1] 完全週休2日制を採用する場合の規程例

（労働時間及び休憩時間）

第20条 労働時間は、1週間については40時間、1日については8時間とする。

2　始業・終業の時刻及び休憩時間は、次のとおりとする。ただし、業務の都合その他やむを得ない事情により、これらを繰り上げ、又は繰り下げることがある。この場合、_____前日までに労働者に通知する。

① 一般勤務

始業・終業時刻		休憩時間
始業	午前___時___分	___時___分から___時___分まで
終業	午後___時___分	

② 交替勤務

（イ）1番（日勤）

始業・終業時刻		休憩時間
始業	午前___時___分	___時___分から___時___分まで
終業	午後___時___分	

（ロ）2番（準夜勤）

始業・終業時刻		休憩時間
始業	午前___時___分	___時___分から___時___分まで
終業	午後___時___分	

（ハ）3番（夜勤）

始業・終業時刻		休憩時間
始業	午前___時___分	___時___分から___時___分まで
終業	午後___時___分	

3　交替勤務における各労働者の勤務は、別に定めるシフト表により、前月の_____日までに各労働者に通知する。

4　交替勤務における就業番は原則として_____日ごとに_____番を_____番に、_____番を_____番に、_____番を_____番に転換する。

5　一般勤務から交替勤務へ、交替勤務から一般勤務への勤務形態の変更は、原則として休日又

は非番明けに行うものとし、前月の＿＿＿日前までに＿＿＿＿＿が労働者に通知する。

（休日）

第21条　休日は、次のとおりとする。

　　①　土曜日及び日曜日

　　②　国民の祝日（日曜日と重なったときは翌日）

　　③　年末年始（12月＿＿日〜1月＿＿日）

　　④　夏季休日（＿＿月＿＿日〜＿＿月＿＿日）

　　⑤　その他会社が指定する日

2　業務の都合により会社が必要と認める場合は、あらかじめ前項の休日を他の日と振り替えることがある。

〔例2〕1カ月単位の変形労働時間制（隔週週休2日制を採用する場合）の規程例

（労働時間及び休憩時間）

第20条　1週間の所定労働時間は、平成＿＿年＿＿月＿＿日を起算日として、2週間ごとに平均して、1週間当たり40時間とする。

2　1日の所定労働時間は、7 時間15分とする。

3　始業・終業の時刻及び休憩時間は、次のとおりとする。ただし、業務の都合その他やむを得ない事情により、これらを繰り上げ、又は繰り下げることがある。この場合において業務の都合によるときは、＿＿＿＿＿が前日までに通知する。

始業・終業時刻		休憩時間
始業　　午前＿＿時＿＿分		＿＿時＿＿分から＿＿時＿＿分まで
終業　　午後＿＿時＿＿分		

（休日）

第21条　休日は、次のとおりとする。

　　①　日曜日

　　②　平成＿＿年＿＿月＿＿日を起算日とする2週間ごとの第2 土曜日

　　③　国民の祝日（日曜日と重なったときは翌日）

　　④　年末年始（12月＿＿日〜1月＿＿日）

　　⑤　夏季休日（＿＿月＿＿日〜＿＿月＿＿日）

　　⑥　その他会社が指定する日

2　業務の都合により会社が必要と認める場合は、あらかじめ前項の休日を他の日と振り替えることがある。

〔例3〕 1年単位の変形労働時間制の規程例

（労働時間及び休憩時間）

第20条 労働者代表と1年単位の変形労働時間制に関する労使協定を締結した場合、当該協定の適用を受ける労働者について、1週間の所定労働時間は、対象期間を平均して1週間当たり40時間とする。

2 1年単位の変形労働時間制を適用しない労働者について、1週間の所定労働時間は40時間、1日の所定労働時間は8時間とする。

3 1日の始業・終業の時刻、休憩時間は次のとおりとする。

① 通常期間

始業・終業時刻		休憩時間
始業　午前＿＿時＿＿分		＿＿時＿＿分から＿＿時＿＿分まで
終業　午後＿＿時＿＿分		

② 特定期間（1年単位の変形労働時間制に関する労使協定で定める特定の期間をいう。）

始業・終業時刻		休憩時間
始業　午前＿＿時＿＿分		＿＿時＿＿分から＿＿時＿＿分まで
終業　午後＿＿時＿＿分		

③ 1年単位の変形労働時間制を適用しない労働者の始業・終業の時刻、休憩時間は次のとおりとする。

始業・終業時刻		休憩時間
始業　午前＿＿時＿＿分		＿＿時＿＿分から＿＿時＿＿分まで
終業　午後＿＿時＿＿分		

（休日）

第21条 1年単位の変形労働時間制の適用を受ける労働者の休日については、1年単位の変形労働時間制に関する労使協定の定めるところにより、対象期間の初日を起算日とする1週間ごとに1日以上、1年間に＿＿日以上となるように指定する。その場合、年間休日カレンダーに定め、対象期間の初日の30日前までに各労働者に通知する。

2 1年単位の変形労働時間制を適用しない労働者の休日については、以下のとおり指定し、月間休日カレンダーに定め、対象期間の初日の30日前までに各労働者に通知する。

① 日曜日（前条第3号の特定期間を除く。）

② 国民の祝日（日曜日と重なったときは翌日）

③ 年末年始（12月＿＿日〜1月＿＿日）

④　夏季休日（＿＿月＿＿日〜＿＿月＿＿日）

⑤　その他会社が指定する日

（時間外及び休日労働等）

第22条　業務の都合により、第20条の所定労働時間を超え、又は第21条の所定休日に労働させることがある。

2　前項の場合、法定労働時間を超える労働又は法定休日における労働については、あらかじめ会社は労働者の過半数代表者と書面による労使協定を締結するとともに、これを所轄の労働基準監督署長に届け出るものとする。

3　妊娠中の女性、産後1年を経過しない女性労働者（以下「妊産婦」という）であって請求した者及び18歳未満の者については、第2項による時間外労働又は休日若しくは深夜（午後10時から午前5時まで）労働に従事させない。

4　災害その他避けることのできない事由によって臨時の必要がある場合には、第1項から前項までの制限を超えて、所定労働時間外又は休日に労働させることがある。ただし、この場合であっても、請求のあった妊産婦については、所定労働時間外労働又は休日労働に従事させない。

第5章　休暇等

（年次有給休暇）

第23条　採用日から6カ月間継続勤務し、所定労働日の8割以上出勤した労働者に対しては、10日の年次有給休暇を与える。その後1年間継続勤務するごとに、当該1年間において所定労働日の8割以上出勤した労働者に対しては、下の表のとおり勤続期間に応じた日数の年次有給休暇を与える。

勤続期間	6カ月	1年6カ月	2年6カ月	3年6カ月	4年6カ月	5年6カ月	6年6カ月以上
付与日数	10日	11日	12日	14日	16日	18日	20日

2　前項の規定にかかわらず、週所定労働時間30時間未満であり、かつ、週所定労働日数が4日以下（週以外の期間によって所定労働日数を定める労働者については年間所定労働日数が216日以下）の労働者に対しては、下の表のとおり所定労働日数及び勤続期間に応じた日数の年次有給休暇を与える。

週所定 労働日数	1年間の 所定労働日数	勤　　続　　期　　間						
		6カ月	1年 6カ月	2年 6カ月	3年 6カ月	4年 6カ月	5年 6カ月	6年 6カ月 以上
4日	169日〜216日	7日	8日	9日	10日	12日	13日	15日
3日	121日〜168日	5日	6日	6日	8日	9日	10日	11日
2日	73日〜120日	3日	4日	4日	5日	6日	6日	7日
1日	48日〜 72日	1日	2日	2日	2日	3日	3日	3日

3　第1項又は第2項の年次有給休暇は、労働者があらかじめ請求する時季に取得させる。ただし、労働者が請求した時季に年次有給休暇を取得させることが事業の正常な運営を妨げる場合は、他の時季に取得させることがある。

4　前項の規定にかかわらず、労働者代表との書面による協定により、各労働者の有する年次有給休暇日数のうち5日を超える部分について、あらかじめ時季を指定して取得させることがある。

5　第1項又は第2項の年次有給休暇が10日以上与えられた労働者に対しては、第3項の規定にかかわらず、付与日から1年以内に、当該労働者の有する年次有給休暇日数のうち5日について、会社が労働者の意見を聴取し、その意見を尊重した上で、あらかじめ時季を指定して取得させる。ただし、労働者が第3項又は第4項の規定による年次有給休暇を取得した場合においては、当該取得した日数分を5日から控除するものとする。

6　第1項及び第2項の出勤率の算定に当たっては、下記の期間については出勤したものとして取り扱う。

① 年次有給休暇を取得した期間

② 産前産後の休業期間

③ 育児・介護休業法に基づく育児休業及び介護休業した期間

④ 業務上の負傷又は疾病により療養のために休業した期間

7　付与日から1年以内に取得しなかった年次有給休暇は、付与日から2年以内に限り繰り越して取得することができる。

8　前項について、繰り越された年次有給休暇とその後付与された年次有給休暇のいずれも取得できる場合には、繰り越された年次有給休暇から取得させる。

9　会社は、毎月の賃金計算締切日における年次有給休暇の残日数を、当該賃金の支払明細書に記載して各労働者に通知する。

（年次有給休暇の時間単位での付与）

第24条　労働者代表との書面による協定に基づき、前条の年次有給休暇の日数のうち、1年について5日の範囲で次により時間単位の年次有給休暇（以下「時間単位年休」という。）を付

与する。

(1) 時間単位年休付与の対象者は、すべての労働者とする。

(2) 時間単位年休を取得する場合の、1日の年次有給休暇に相当する時間数は、以下のとおりとする。

　　① 所定労働時間が 5　 時間を超え 6　 時間以下の者…6　 時間

　　② 所定労働時間が 6　 時間を超え 7　 時間以下の者…7　 時間

　　③ 所定労働時間が 7　 時間を超え 8　 時間以下の者…8　 時間

(3) 時間単位年休は1時間単位で付与する。

(4) 本条の時間単位年休に支払われる賃金額は、所定労働時間労働した場合に支払われる通常の賃金の1時間当たりの額に、取得した時間単位年休の時間数を乗じた額とする。

(5) 上記以外の事項については、前条の年次有給休暇と同様とする。

（産前産後の休業）

第25条　6週間（多胎妊娠の場合は14週間）以内に出産予定の女性労働者から請求があったときは、休業させる。

2　産後8週間を経過していない女性労働者は、就業させない。

3　前項の規定にかかわらず、産後6週間を経過した女性労働者から請求があった場合は、その者について医師が支障ないと認めた業務に就かせることがある。

（母性健康管理の措置）

第26条　妊娠中又は出産後1年を経過しない女性労働者から、所定労働時間内に、母子保健法（昭和40年法律第141号）に基づく保健指導又は健康診査を受けるために申出があったときは、次の範囲で時間内通院を認める。

　　① 産前の場合

　　　　妊娠23週まで　……………………4週に1回

　　　　妊娠24週から35週まで　………2週に1回

　　　　妊娠36週から出産まで　………1週に1回

　　　　ただし、医師又は助産師（以下「医師等」という。）がこれと異なる指示をしたときには、その指示により必要な時間

　　② 産後（1年以内）の場合

　　　　医師等の指示により必要な時間

2　妊娠中又は出産後1年を経過しない女性労働者から、保健指導又は健康診査に基づき勤務時間等について医師等の指導を受けた旨申出があった場合、次の措置を講ずる。

　　① 妊娠中の通勤緩和措置として、通勤時の混雑を避けるよう指導された場合は、原則として　　　時間の勤務時間の短縮又は　　　時間以内の時差出勤を認める。

② 妊娠中の休憩時間について指導された場合は、適宜休憩時間の延長や休憩の回数を増やす。

③ 妊娠中又は出産後の女性労働者が、その症状等に関して指導された場合は、医師等の指導事項を遵守するための作業の軽減や勤務時間の短縮、休業等の措置をとる。

（育児時間及び生理休暇）

第27条 1歳に満たない子を養育する女性労働者から請求があったときは、休憩時間のほか1日について2回、1回について30分の育児時間を与える。

2 生理日の就業が著しく困難な女性労働者から請求があったときは、必要な期間休暇を与える。

（育児・介護休業、子の看護休暇等）

第28条 労働者のうち必要のある者は、育児・介護休業法に基づく育児休業、介護休業、子の看護休暇、介護休暇、育児・介護のための所定外労働、時間外労働及び深夜業の制限並びに所定労働時間の短縮措置等（以下「育児・介護休業等」という。）の適用を受けることができる。

2 育児・介護休業等の取扱いについては、「育児・介護休業等に関する規則」で定める。

（慶弔休暇）

第29条 労働者が申請した場合は、次のとおり慶弔休暇を与える。

① 本人が結婚したとき 　　　　　　　　　＿＿＿＿日
② 妻が出産したとき 　　　　　　　　　　＿＿＿＿日
③ 配偶者、子又は父母が死亡したとき 　　＿＿＿＿日
④ 兄弟姉妹、祖父母、配偶者の父母又は兄弟姉妹が死亡したとき 　＿＿＿＿日

（私傷病休暇）

第30条 労働者が負傷又は疾病のため療養する必要があり、その勤務しないことがやむを得ないと認められる場合には、医師による診断結果に基づき、休職開始後6日目以降、18カ月の期間を上限として療養に必要な期間、病気休暇（以下「私傷病休暇」という。）を付与する。

2 前項に規定する私傷病休暇の期間は、同一の休暇事由による休職ごとに付与する。ただし、直接の負傷又は疾病及びこれに伴って生じた事由（合併症、薬物症、精神的疾患などを含む。）を含めて同一の事由とする。

（裁判員等のための休暇）

第31条 労働者が裁判員若しくは補充裁判員となった場合又は裁判員候補者となった場合には、次のとおり休暇を与える。

① 裁判員又は補充裁判員となった場合 　　必要な日数

② 　裁判員候補者となった場合　　　　　　　必要な時間

（復職）

第32条　労働者が第30条に基づき私傷病休暇を取得した場合において、会社が付与した私傷病休暇に係る休暇期間の満了に際し、労働者が復職を希望するときは、会社に対し、医師による診断書その他の資料を添えて復職を希望する旨を申し出る。

2　会社は、前項の規定により、労働者から復職を希望する旨の申し出を受けた場合には、労働者が提出した医師による診断書その他の資料に基づいて復職の可否及び時期を判断する。

3　労働者は、負傷又は疾病から早期に回復したことにより、療養のために必要な私傷病休暇に係る休暇期間を繰り上げることが可能である場合には、私傷病休暇に係る休暇期間満了前であっても、復職を希望する旨を申し出ることができる。この場合、会社は、その時点において、労働者が提出した医師による診断書その他の資料に基づいて復職の可否及び時期を判断する。

4　会社は、私傷病期間中の労働者の復職の可否及び時期を判断するため必要があると認めるときは、当該労働者に対し、随時診断書の提出又は会社の指定する医師による診察を受けるよう命ずることができ、当該労働者は、正当な理由のない限り、これを拒むことはできない。

5　会社は、労働者が復職する場合には、私傷病休暇取得前の部署における担当業務に従事させる。ただし、担当業務の状況、社内部署の変動、代替要員の補充の状況、当該労働者の身体的又は精神的状況及び希望などを考慮し、私傷病休暇取得前の担当業務に復帰させることが適当でないと認めるときは、会社は、当該労働者の復職予定時における業務状況等を踏まえ、会社が復職する部署及び担当業務を指定する。

6　会社は、労働者を復職させる場合において、労働時間の変更若しくは短縮、職務内容又は就業場所の変更その他の労働条件の変更（以下、本項において「就労軽減措置等」という。）を求める医師の意見が付されたときは、当該意見を踏まえて、復職の可否、時期及び復職後の担当業務を指定する。ただし、業務上その他の事由により、医師の意見に沿った就労軽減措置等を講ずることができないとき、又は、就労軽減措置等を講ずることが適当でないと認めるときは、当該労働者の復職を認めないことができる。

第6章　賃金

（賃金の構成）

第33条　賃金の構成は、次のとおりとする。

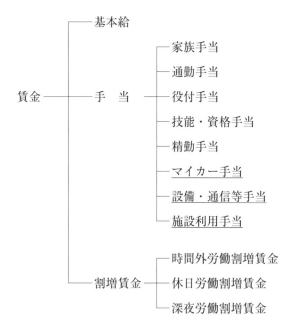

```
                  ┌─ 基本給
                  │         ┌─ 家族手当
                  │         ├─ 通勤手当
                  │         ├─ 役付手当
                  │         ├─ 技能・資格手当
        賃金 ─────┼─ 手  当 ─┼─ 精勤手当
                  │         ├─ マイカー手当
                  │         ├─ 設備・通信等手当
                  │         └─ 施設利用手当
                  │          ┌─ 時間外労働割増賃金
                  └─ 割増賃金 ─┼─ 休日労働割増賃金
                             └─ 深夜労働割増賃金
```

（基本給）

第34条　基本給は、本人の職務内容、技能、勤務成績、年齢等を考慮して各人別に決定する。

（家族手当）

第35条　家族手当は、次の家族を扶養している労働者に対し支給する。

　　①　18歳未満の子

　　　　1人につき　　月額　　＿＿＿＿円

　　②　65歳以上の父母

　　　　1人につき　　月額　　＿＿＿＿円

（通勤手当）

第36条　通勤手当は、第20条に定める所定労働日のうち、週4日以上会社に現実の出勤をする労働者に対し、次の各号に定める基準に従って支給する。

⑴　公共交通機関を利用する労働者

　　自宅から会社までの区間につき、最も経済的かつ合理的な通勤経路に要する定期券購入費に相当する金額。ただし、定期券購入費が非課税限度額を超える場合には、これを限度とする。

⑵　自家用車両（普通乗用車、自動二輪車及び原動機付自転車をいう。以下同じ。）を使用する労働者

　　会社が別途定める基準による燃料代相当額

2　前項の規定にかかわらず、第20条に定める所定労働日のうち、会社への現実の通勤日数が週4日未満、又はテレワーク勤務に従事する労働者に対しては、毎月1日から当月末日までの実出勤日数につき、次の各号の定める交通費を実費精算し支給する。

(1)　公共交通機関を利用する従業員

自宅から会社までの区間につき、最も経済的かつ合理的な通勤経路に要する交通費（ただし、交通系ICカード利用時の交通費の金額をもって算出する）。

(2)　自家用車両を利用する従業員

自宅から会社までの走行距離に応じて算出した消費燃料（単位：リッター）に、毎月1日時点における1リッター当たりの平均ガソリン単価を乗じた金額。ただし、走行距離に応じた消費燃料を算出するに当たっては、下表の基準を用いて算出する。

自家用車両の排気量	1リッター当たりの走行距離
排気量　2000cc 以上	12キロメートル
排気量　2000cc 未満	20キロメートル
軽自動車・電気自動車	25キロメートル
自動二輪車・原動機付自転車	35キロメートル

（役付手当）

第37条　役付手当は、以下の職位にある者に対し支給する。

部長　　月額　　＿＿＿＿＿円

課長　　月額　　＿＿＿＿＿円

係長　　月額　　＿＿＿＿＿円

2　昇格によるときは、発令日の属する賃金月から支給する。この場合、当該賃金月においてそれまで属していた役付手当は支給しない。

3　降格によるときは、発令日の属する賃金月の次の賃金月から支給する。

（技能・資格手当）

第38条　技能・資格手当は、次の資格を持ち、その職務に就く者に対し支給する。

安全・衛生管理者（安全衛生推進者を含む。）　　月額　　＿＿＿＿＿円

食品衛生責任者　　月額　　＿＿＿＿＿円

調理師　　月額　　＿＿＿＿＿円

栄養士　　月額　　＿＿＿＿＿円

（精勤手当）

第39条　精勤手当は、当該賃金計算期間における出勤成績により、次のとおり支給する。

① 無欠勤の場合　　　　　　月額　　＿＿＿＿＿円

② 欠勤1日以内の場合　　　月額　　＿＿＿＿＿円

2　前項の精勤手当の計算においては、次のいずれかに該当するときは出勤したものとみなす。

① 年次有給休暇を取得したとき

② 業務上の負傷又は疾病により療養のため休業したとき

3　第1項の精勤手当の計算に当たっては、遅刻又は早退＿＿回をもって、欠勤1日とみなす。

（マイカー手当）

第40条　マイカー手当は、第73条の規定に基づく会社の許可を得て自家用車両を使用して通勤する労働者に対し、自家用車両の維持管理に要する費用に相当するものとして、次の各号に定める自家用車両の種類に応じて、当該各号に定める金額を支給する。

(1)　普通乗用車　　　　　　　　　　月額5000円

(2)　自動二輪車・原動機付自転車　　月額2000円

2　会社は、労働者が第73条の規定に基づく会社の許可を得て自家用車両を使用して通勤する場合において、会社が提供又は指定する駐車場を利用することができないため、会社に隣接する駐車場を賃借する契約を締結した場合には、次の各号に定める自家用車両の種類に応じて、当該各号に定める金額を、前項に規定するマイカー手当に加算して支給する。

(1)　普通乗用車　　　　　　　　　　駐車場利用料

　　　　　　　　　　　　　　　　　　（ただし、月額1万円を上限とする。）

(2)　自動二輪車・原動機付自転車　　駐車場利用料

　　　　　　　　　　　　　　　　　　（ただし、月額5000円を上限とする。）

3　会社は、第73条の規定に基づく会社の許可を得て自家用車両を使用して通勤する労働者のうち、業務上その他の事由により自家用車両を使用する通勤を特に必要とする特別の事情がある労働者が自家用車両の購入又は買い替えを行うときは、マイカー取得助成金として、次の各号に定める自家用車両の種類に応じて、当該各号に定める金額を支給する。

(1)　普通乗用車　　　　　　購入価額の20％相当額

　　　　　　　　　　　　　　（ただし、20万円を上限とする。）

(2)　自動二輪車　　　　　　購入価額の20％相当額

　　　　　　　　　　　　　　（ただし、5万円を上限とする。）

(3)　原動機付自転車　　　　購入価額の20％相当額

　　　　　　　　　　　　　　（ただし、3万円を上限とする。）

（設備・通信等手当）

第41条　設備・通信等手当は、第9条の規定に基づいて在宅勤務に従事し、かつ、在宅勤務における就業場所を自宅とする労働者に対し、自宅を就業場所として用いるために必要な設備維

持費及びインターネット回線の利用（会社がモバイルWi-Fiルーター等を貸与している場合を除く。）に要する通信費用として、次のとおり支給する。

　　　在宅勤務日数1日につき　250円

（施設利用手当）

第42条　施設利用手当は、第9条の規定に基づいて在宅勤務に従事し、かつ、在宅勤務における就業場所をテレワークモデル就業規則第8条第2項に定める場所（以下、本条において「自宅外施設」という。）においてテレワーク勤務に従事する労働者に対し、自宅外施設の利用に要する費用として、次のとおり支給する。

　　　自宅外施設を利用した在宅勤務日数1日につき　2000円

（割増賃金）

第43条　時間外労働に対する割増賃金は、次の割増賃金率に基づき、次項の計算方法により支給する。

⑴　1カ月の時間外労働の時間数に応じた割増賃金率は、次のとおりとする。この場合の1カ月は毎月＿＿日を起算日とする。

　①　時間外労働45時間以下………25％

　②　時間外労働45時間超〜60時間以下………35％

　③　時間外労働60時間超………50％

　④　③の時間外労働のうち代替休暇を取得した時間………35％（残り15％の割増賃金は代替休暇に充当する。）

⑵　1年間の時間外労働の時間数が360時間を超えた部分については、40％とする。この場合の1年は毎年＿＿月＿＿日を起算日とする。

⑶　時間外労働に対する割増賃金の計算において、上記⑴及び⑵のいずれにも該当する時間外労働の時間数については、いずれか高い率で計算することとする。

2　割増賃金は、次の算式により計算して支給する。

⑴　月給制の場合

　①　時間外労働の割増賃金

　　　（時間外労働が1カ月45時間以下の部分）

$$\frac{基本給＋役付手当＋技能・資格手当＋精勤手当}{1カ月の平均所定労働時間数} \times 1.25 \times 時間外労働の時間数$$

（時間外労働が1カ月45時間超〜60時間以下の部分）

$$\frac{基本給＋役付手当＋技能・資格手当＋精勤手当}{1カ月の平均所定労働時間数} \times 1.35 \times 時間外労働の時間数$$

（時間外労働が1カ月60時間を超える部分）

$$\frac{基本給＋役付手当＋技能・資格手当＋精勤手当}{1カ月の平均所定労働時間数} \times 1.50 \times 時間外労働の時間数$$

（時間外労働が1年360時間を超える部分）

$$\frac{基本給＋役付手当＋技能・資格手当＋精勤手当}{1カ月の平均所定労働時間数} \times 1.40 \times 時間外労働の時間数$$

② 休日労働の割増賃金（法定休日に労働させた場合）

$$\frac{基本給＋役付手当＋技能・資格手当＋精勤手当}{1カ月の平均所定労働時間数} \times 1.35 \times 休日労働の時間数$$

③ 深夜労働の割増賃金（午後10時から午前5時までの間に労働させた場合）

$$\frac{基本給＋役付手当＋技能・資格手当＋精勤手当}{1カ月の平均所定労働時間数} \times 0.25 \times 深夜労働の時間数$$

(2) 日給制の場合

① 時間外労働の割増賃金

（時間外労働が1カ月45時間以下の部分）

$$\left[\frac{日給}{1日の所定労働時間数} + \frac{役付手当＋技能・資格手当＋精勤手当}{1カ月の平均所定労働時間数} \right]$$
$$\times \quad 1.25 \quad \times \quad 時間外労働の時間数$$

（時間外労働が1カ月45時間超〜60時間以下の部分）

$$\left[\frac{日給}{1日の所定労働時間数} + \frac{役付手当＋技能・資格手当＋精勤手当}{1カ月の平均所定労働時間数} \right]$$
$$\times \quad 1.35 \quad \times \quad 時間外労働の時間数$$

（時間外労働が1カ月60時間を超える部分）

$$\left[\frac{日給}{1日の所定労働時間数} + \frac{役付手当＋技能・資格手当＋精勤手当}{1カ月の平均所定労働時間数} \right]$$

$$\times \quad 1.50 \quad \times \quad 時間外労働の時間数$$

（時間外労働が1年360時間を超える部分）

$$\left[\frac{日給}{1日の所定労働時間数} + \frac{役付手当＋技能・資格手当＋精勤手当}{1カ月の平均所定労働時間数} \right]$$

$$\times \quad 1.40 \quad \times \quad 時間外労働の時間数$$

② 休日労働の割増賃金

$$\left[\frac{日給}{1日の所定労働時間数} + \frac{役付手当＋技能・資格手当＋精勤手当}{1カ月の平均所定労働時間数} \right]$$

$$\times \quad 1.35 \quad \times \quad 休日労働の時間数$$

③ 深夜労働の割増賃金

$$\left[\frac{日給}{1日の所定労働時間数} + \frac{役付手当＋技能・資格手当＋精勤手当}{1カ月の平均所定労働時間数} \right]$$

$$\times \quad 0.25 \quad \times \quad 深夜労働の時間数$$

(3) 時間給制の場合

① 時間外労働の割増賃金

（時間外労働が1カ月45時間以下の部分）

$$\left[時間給 + \frac{役付手当＋技能・資格手当＋精勤手当}{1カ月の平均所定労働時間数} \right]$$

$$\times \quad 1.25 \quad \times \quad 時間外労働の時間数$$

（時間外労働が1カ月45時間超〜60時間以下の部分）

$$\left[時間給 + \frac{役付手当＋技能・資格手当＋精勤手当}{1カ月の平均所定労働時間数} \right]$$

$$\times \quad 1.35 \quad \times \quad 時間外労働の時間数$$

（時間外労働が1カ月60時間を超える部分）

$$\left[\text{時間給} + \frac{\text{役付手当＋技能・資格手当＋精勤手当}}{1\text{カ月の平均所定労働時間数}}\right]$$

$$\times \quad 1.50 \quad \times \quad \text{時間外労働の時間数}$$

（時間外労働が1年360時間を超える部分）

$$\left[\text{時間給} + \frac{\text{役付手当＋技能・資格手当＋精勤手当}}{1\text{カ月の平均所定労働時間数}}\right]$$

$$\times \quad 1.40 \quad \times \quad \text{時間外労働の時間数}$$

② 休日労働の割増賃金

$$\left[\text{時間給} + \frac{\text{役付手当＋技能・資格手当＋精勤手当}}{1\text{カ月平均所定労働時間数}}\right]$$

$$\times \quad 1.35 \quad \times \quad \text{休日労働の時間数}$$

③ 深夜労働の割増賃金

$$\left[\text{時間給} + \frac{\text{役付手当＋技能・資格手当＋精勤手当}}{1\text{カ月の平均所定労働時間数}}\right]$$

$$\times \quad 0.25 \quad \times \quad \text{深夜労働の時間数}$$

3　前項の1カ月の平均所定労働時間数は、次の算式により計算する。

$$\frac{(365 - \text{年間所定休日日数}) \times 1\text{日の所定労働時間}}{12}$$

（1年単位の変形労働時間制に関する賃金の精算）

第44条　1年単位の変形労働時間制の規定（第20条及び第21条）により労働させた期間が当該
　　対象期間より短い労働者に対しては、その労働者が労働した期間を平均し1週間当たり40時間
　　を超えて労働させた時間（前条の規定による割増賃金を支払った時間を除く。）については、前
　　条の時間外労働についての割増賃金の算式中の割増率を0.25として計算した割増賃金を支払う。

（代替休暇）

第45条　1カ月の時間外労働が60時間を超えた労働者に対して、労使協定に基づき、次により
　　代替休暇を与えるものとする。

2　代替休暇を取得できる期間は、直前の賃金締切日の翌日から起算して、翌々月の賃金締切日
　　までの2カ月とする。

3 代替休暇は、半日又は１日で与える。この場合の半日とは、午前（＿＿＿：＿＿＿～＿＿＿：＿＿＿）又は午後（＿＿＿：＿＿＿～＿＿＿：＿＿＿）のことをいう。

4 代替休暇の時間数は、１カ月60時間を超える時間外労働時間数に換算率を乗じた時間数とする。この場合において、換算率とは、代替休暇を取得しなかった場合に支払う割増賃金率50％から代替休暇を取得した場合に支払う割増賃金率35％を差し引いた15％とする。また、労働者が代替休暇を取得した場合は、取得した時間数を換算率（15％）で除した時間数については、15％の割増賃金の支払を要しないこととする。

5 代替休暇の時間数が半日又は１日に満たない端数がある場合には、その満たない部分についても有給の休暇とし、半日又は１日の休暇として与えることができる。ただし、前項の割増賃金の支払を要しないこととなる時間の計算においては、代替休暇の時間数を上回って休暇とした部分は算定せず、代替休暇の時間数のみで計算することとする。

6 代替休暇を取得しようとする者は、１カ月に60時間を超える時間外労働を行った月の賃金締切日の翌日から5日以内に、会社に申し出ることとする。代替休暇取得日は、労働者の意向を踏まえ決定することとする。

7 会社は、前項の申出があった場合には、支払うべき割増賃金額のうち代替休暇に代替される割増賃金額を除いた部分を通常の賃金支払日に支払うこととする。ただし、当該月の末日の翌日から2カ月以内に取得がなされなかった場合には、取得がなされないことが確定した月に係る賃金支払日に残りの15％の割増賃金を支払うこととする。

8 会社は、第６項に定める期間内に申出がなかった場合は、当該月に行われた時間外労働に係る割増賃金の総額を通常の賃金支払日に支払うこととする。ただし、第６項に定める期間内に申出を行わなかった労働者から、第２項に定める代替休暇を取得できる期間内に改めて代替休暇の取得の申出があった場合には、会社の承認により、代替休暇を与えることができる。この場合、代替休暇の取得があった月に係る賃金支払日に過払分の賃金を精算するものとする。

（休暇等の賃金）

第46条 年次有給休暇の期間は、所定労働時間労働したときに支払われる通常の賃金を支払う。

2 産前産後の休業期間、育児時間、生理休暇、母性健康管理のための休暇、育児・介護休業法に基づく育児休業期間、介護休業期間、子の看護休暇期間及び介護休暇期間、慶弔休暇、病気休暇、裁判員等のための休暇の期間は、無給　／　通常の賃金を支払うこと　とする。

3 第10条に定める休職期間中は、原則として賃金を支給しない（＿＿カ月までは＿＿割を支給する）。

（臨時休業の賃金）

第47条 会社側の都合により、所定労働日に労働者を休業させた場合は、休業１日につき労基法第12条に規定する平均賃金の６割を支給する。この場合において、１日のうちの一部を休

業させた場合にあっては、その日の賃金については労基法第26条に定めるところにより、平均賃金の6割に相当する賃金を保障する。

（欠勤等の扱い）

第48条　欠勤、遅刻、早退及び私用外出については、基本給から当該日数又は時間分の賃金を控除する。

2　前項の場合、控除すべき賃金の1時間あたりの金額の計算は以下のとおりとする。

(1)　月給の場合

基本給÷1カ月平均所定労働時間数

（1カ月平均所定労働時間数は第38条第3項の算式により計算する。）

(2)　日給の場合

基本給÷1日の所定労働時間数

（賃金の計算期間及び支払日）

第49条　賃金は、毎月＿＿日に締め切って計算し、翌月＿＿日に支払う。ただし、支払日が休日に当たる場合は、その前日に繰り上げて支払う。

2　前項の計算期間の中途で採用された労働者又は退職した労働者については、月額の賃金は当該計算期間の所定労働日数を基準に日割計算して支払う。

（賃金の支払と控除）

第50条　賃金は、労働者に対し、通貨で直接その全額を支払う。

2　前項について、労働者が同意した場合は、労働者本人の指定する金融機関の預貯金口座又は証券総合口座へ振込により賃金を支払う。

3　次に掲げるものは、賃金から控除する。

①　源泉所得税

②　住民税

③　健康保険、厚生年金保険及び雇用保険の保険料の被保険者負担分

④　労働者代表との書面による協定により賃金から控除することとした社宅入居料、財形貯蓄の積立金及び組合費

（賃金の非常時払い）

第51条　労働者又はその収入によって生計を維持する者が、次のいずれかの場合に該当し、そのために労働者から請求があったときは、賃金支払日前であっても、既往の労働に対する賃金を支払う。

①　やむを得ない事由によって1週間以上帰郷する場合

② 結婚又は死亡の場合

③ 出産、疾病又は災害の場合

④ 退職又は解雇により離職した場合

（昇給）

第52条　昇給は、勤務成績その他が良好な労働者について、毎年＿＿月＿＿日をもって行うものとする。ただし、会社の業績の著しい低下その他やむを得ない事由がある場合は、行わないことがある。

2　顕著な業績が認められた労働者については、前項の規定にかかわらず昇給を行うことがある。

3　昇給額は、労働者の勤務成績等を考慮して各人ごとに決定する。

（賞与）

第53条　賞与は、原則として、下記の算定対象期間に在籍した労働者に対し、会社の業績等を勘案して下記の支給日に支給する。ただし、会社の業績の著しい低下その他やむを得ない事由により、支給時期を延期し、又は支給しないことがある。

算定対象期間	支給日
＿＿月＿＿日から＿＿月＿＿日まで	＿＿月＿＿日
＿＿月＿＿日から＿＿月＿＿日まで	＿＿月＿＿日

2　前項の賞与の額は、会社の業績及び労働者の勤務成績などを考慮して各人ごとに決定する。

第7章　定年、退職及び解雇

［例1］定年を満70歳とする例

（定年等）

第54条　労働者の定年は、満70歳とし、定年に達した日の属する月の末日をもって退職とする。

［例2］定年を満65歳とし、その後希望者を継続雇用する例

（定年等）

第54条　労働者の定年は、満65歳とし、定年に達した日の属する月の末日をもって退職とする。

2　前項の規定にかかわらず、定年後も引き続き雇用されることを希望し、解雇事由又は退職事由に該当しない労働者については、満70歳までこれを継続雇用する。

［例3］定年を満60歳とし、その後希望者を継続雇用する例（満65歳以降は対象者基準あり）

（定年等）

第54条 労働者の定年は、満60歳とし、定年に達した日の属する月の末日をもって退職とする。

2 前項の規定にかかわらず、定年後も引き続き雇用されることを希望し、解雇事由又は退職事由に該当しない労働者については、満65歳までこれを継続雇用する。

3 前項の規定に基づく継続雇用の満了後に、引き続き雇用されることを希望し、解雇事由又は退職事由に該当しない労働者のうち、次の各号に掲げる基準のいずれにも該当する者については、満70歳までこれを継続雇用する。

(1) 過去○年間の人事考課が○以上である者

(2) 過去○年間の出勤率が○％以上である者

(3) 過去○年間の定期健康診断結果を産業医が判断し、業務上、支障がないと認められた者

［例4］定年を満65歳とし、その後希望者の意向を踏まえて継続雇用または業務委託契約を締結する例（ともに対象者基準あり）

（定年等）

第54条 労働者の定年は、満65歳とし、定年に達した日の属する月の末日をもって退職とする。

2 前項の規定にかかわらず、定年後も引き続き雇用されることを希望し、解雇事由又は退職事由に該当しない労働者のうち、次の各号に掲げる基準のいずれにも該当する者については、満70歳までこれを継続雇用する。

(1) 過去○年間の人事考課が○以上である者

(2) 過去○年間の出勤率が○％以上である者

(3) 過去○年間の定期健康診断結果を産業医が判断し、業務上、支障がないと認められた者

3 第1項の規定にかかわらず、定年後に業務委託契約を締結することを希望し、解雇事由又は退職事由に該当しない者のうち、次の各号に掲げる業務について、業務ごとに定める基準のいずれにも該当する者については、満70歳までこれと業務委託契約を継続的に締結する。なお、当該契約に基づく各業務内容等については、別途定める創業支援等措置の実施に関する計画に定めるところによるものとする。

(1) ○○業務においては、次のいずれの基準にも該当する者

　ア　過去○年間の人事考課が○以上である者

　イ　当該業務に必要な○○の資格を有している者

(2) △△業務においては、次のいずれの基準にも該当する者

　ア　過去○年間の人事考課が○以上である者

　イ　定年前に当該業務に○年以上従事した経験及び当該業務を遂行する能力があるとして以下に該当する者

　　①　○○○○

②　△△△△

（退職）

第55条　前条に定めるもののほか、労働者が次のいずれかに該当するときは、退職とする。

①　退職を願い出て会社が承認したとき、又は退職願を提出して＿＿＿日を経過したとき

②　期間を定めて雇用されている場合、その期間を満了したとき

③　第10条に定める休職期間が満了し、なお休職事由が消滅しないとき

④　死亡したとき

2　労働者が退職し、又は解雇された場合、その請求に基づき、使用期間、業務の種類、地位、賃金又は退職の事由を記載した証明書を遅滞なく交付する。

（解雇）

第56条　労働者が次のいずれかに該当するときは、解雇することがある。

①　勤務状況が著しく不良で、改善の見込みがなく、労働者としての職責を果たし得ないとき。

②　勤務成績又は業務能率が著しく不良で、向上の見込みがなく、他の職務にも転換できない等就業に適さないとき。

③　業務上の負傷又は疾病による療養の開始後3年を経過しても当該負傷又は疾病が治らない場合であって、労働者が傷病補償年金を受けているとき又は受けることとなったとき（会社が打ち切り補償を支払ったときを含む。）。

④　精神又は身体の障害により業務に耐えられないとき。

⑤　試用期間における作業能率又は勤務態度が著しく不良で、労働者として不適格であると認められたとき。

⑥　第78条第2項に定める懲戒解雇事由に該当する事実が認められたとき。

⑦　事業の運営上又は天災事変その他これに準ずるやむを得ない事由により、事業の縮小又は部門の閉鎖等を行う必要が生じ、かつ他の職務への転換が困難なとき。

⑧　その他前各号に準ずるやむを得ない事由があったとき。

2　前項の規定により労働者を解雇する場合は、少なくとも30日前に予告をする。予告しないときは、平均賃金の30日分以上の手当を解雇予告手当として支払う。ただし、予告の日数については、解雇予告手当を支払った日数だけ短縮することができる。

3　前項の規定は、労働基準監督署長の認定を受けて労働者を第77条第4号に定める懲戒解雇にする場合又は次の各号のいずれかに該当する労働者を解雇する場合は適用しない。

①　日々雇い入れられる労働者（ただし、1カ月を超えて引き続き使用されるに至った者を除く。）

②　2カ月以内の期間を定めて使用する労働者（ただし、その期間を超えて引き続き使用さ

れるに至った者を除く。）

③　試用期間中の労働者（ただし、14日を超えて引き続き使用されるに至った者を除く。）

4　第1項の規定による労働者の解雇に際して労働者から請求のあった場合は、解雇の理由を記載した証明書を交付する。

第8章　退職金

（退職金の支給）

第57条　勤続＿＿年以上の労働者が退職し又は解雇されたときは、この章に定めるところにより退職金を支給する。ただし、自己都合による退職者で、勤続＿＿年未満の者には退職金を支給しない。また、第78条第2項により懲戒解雇された者には、退職金の全部又は一部を支給しないことがある。

2　継続雇用制度の対象者については、定年時に退職金を支給することとし、その後の再雇用については退職金を支給しない。

（退職金の額）

第58条　退職金の額は、退職又は解雇の時の基本給の額に、勤続年数に応じて定めた下表の支給率を乗じた金額とする。

勤続年数	支給率
5年未満	1.0
5年～10年	3.0
11年～15年	5.0
16年～20年	7.0
21年～25年	10.0
26年～30年	15.0
31年～35年	17.0
36年～40年	20.0
41年～	25.0

2　第10条により休職する期間については、会社の都合による場合を除き、前項の勤続年数に算入しない。

（退職金の支払方法及び支払時期）

第59条　退職金は、支給事由の生じた日から＿＿カ月以内に、退職した労働者（死亡による退

職の場合はその遺族）に対して支払う。

第9章　無期労働契約への転換

（無期労働契約への転換）

第60条　期間の定めのある労働契約（有期労働契約）で雇用する従業員のうち、通算契約期間が5年を超える従業員は、別に定める様式で申込むことにより、現在締結している有期労働契約の契約期間の末日の翌日から、期間の定めのない労働契約（無期労働契約）での雇用に転換することができる。

2　前項の通算契約期間は、平成25年4月1日以降に開始する有期労働契約の契約期間を通算するものとする。ただし、契約期間満了に伴う退職等により、労働契約が締結されていない期間が連続して6カ月以上ある従業員については、それ以前の契約期間は通算契約期間に含めない。

3　この規則に定める労働条件は、第1項の規定により無期労働契約での雇用に転換した後も引き続き適用する。ただし、無期労働契約へ転換した時の年齢が、第54条に規定する定年年齢を超えていた場合は、当該従業員に係る定年は、満＿＿歳とし、定年に達した日の属する月の末日をもって退職とする。

第10章　安全衛生及び災害補償

（遵守事項）

第61条　会社は、労働者の安全衛生の確保及び改善を図り、快適な職場の形成のために必要な措置を講ずる。

2　労働者は、安全衛生に関する法令及び会社の指示を守り、会社と協力して労働災害の防止に努めなければならない。

3　労働者は安全衛生の確保のため、特に下記の事項を遵守しなければならない。

① 機械設備、工具等の就業前点検を徹底すること。また、異常を認めたときは、速やかに会社に報告し、指示に従うこと。

② 安全装置を取り外したり、その効力を失わせるようなことはしないこと。

③ 保護具の着用が必要な作業については、必ず着用すること。

④ 20歳未満の者は、喫煙可能な場所には立ち入らないこと。

⑤ 受動喫煙を望まない者を喫煙可能な場所に連れて行かないこと。

⑥　立入禁止又は通行禁止区域には立ち入らないこと。

⑦　常に整理整頓に努め、通路、避難口又は消火設備のある所に物品を置かないこと。

⑧　火災等非常災害の発生を発見したときは、直ちに臨機の措置をとり、＿＿＿＿＿＿に報告し、その指示に従うこと。

（健康管理義務）

第62条　労働者は、常に自己の生活を律し、健康管理に留意し、心身ともに健全な状態で勤務するよう努めなければならない。

2　労働者は、会社が事業所における安全衛生のために定める細則、ガイドライン、指示命令等に従わなければならない。

（健康診断）

第63条　会社は、労働者に対して、法令に定めるところに従い、採用時および毎年1回（深夜業その他特定有害業務に従事する労働者については、6カ月毎に1回）定期的に健康診断を行う。労働者は、正当な理由なく、これを拒むことはできない。

2　やむを得ない事情により定期健康診断を受診することができなかった労働者は、会社の指示に従い、個別に健康診断を受診しなければならない。

（感染症等検査）

第64条　会社は、労働者が感染症の予防及び感染症の患者に対する医療に関する法律（平成10年法律第114号。以下「感染症法」という。）第6条第1項に規定する一類感染症、二類感染症、三類感染症、四類感染症、五類感染症、新型インフルエンザ等感染症、指定感染症及び新感染症に該当する感染症またはこれらに準ずる感染性の疾病（以下「感染症等」という。）に感染し、若しくは感染した疑いがあると認める場合において、労働者本人の健康状態、治療の要否及び他の労働者への感染拡大の可能性その他の事情を考慮し、事業場の安全衛生上の対策措置を講ずるために必要があると認めるときは、当該労働者に対し、医師による必要な検査（以下「感染症等検査」という。）を受けるよう命ずることができる。また、当該労働者が感染症等に感染した第三者と同居または長時間接触するなど感染症等に感染する可能性のある状態にあり、若しくは感染する可能性のある状態にあったものと疑われる場合も同様とする。

（診断結果）

第65条　労働者は、第63条に基づく健康診断及び前条に基づく感染症等検査を受診した場合には、会社に対し、その結果を開示した上で報告しなければならない。

2　会社は、労働者が前項に規定する受診結果を報告しない場合には、会社から健康診断又は感染症等検査を実施した医療機関に対して直接照会を求めることができ、労働者は、これに同意

する。

3　労働者は、第63条に規定する健康診断又は前条に規定する感染症等検査の結果、医師による要経過観察、生活改善、要再検査、要精密検査又は要医療などの診断結果が示された場合には、速やかに、診断結果に応じた適切な診察又は治療を受けなければならない。

4　前項に規定する診断結果が示された場合において、労働者の労働に影響を及ぼし、若しくは影響を及ぼすおそれのあるものであるときは、労働者は、会社に対し、労働者の労働条件の変更の要否、軽減措置の実施の要否及びその内容、私傷病休業の要否及び期間、復職の可否及び時期等を判断するために必要な医師の診断書その他の資料を提出しなければならない。

5　前項に規定する場合において、労働者が前項に規定する診断書その他の資料を提出しないときは、労働者は、会社が指定する医師の診断を受けなければならない。この場合、労働者は、会社が指定する医師の診断を受けること及びその診断結果の報告を受けることを拒んではならない。

6　会社は、第4項及び前条の診断の結果、当該労働者の休養を要すると判断された場合には、当該労働者に対し、当該労働者の勤務を一定期間禁止することができる。

（指定医診断）

第66条　労働者が次の各号のいずれかに該当する場合には、会社は、当該労働者に対し、会社の指定する医師の診察及び診断を受けることを命じることがある。なお、当該措置は、業務上の必要性に基づくものであるため、労働者は、正当な理由なくこれを拒んではならない。

(1)　傷病による欠勤が連続7日を超える場合

(2)　傷病による長期の欠勤後に出勤を開始しようとする場合

(3)　傷病を理由にたびたび欠勤する場合

(4)　傷病を理由に労働時間の短縮、職務内容又は就業場所の変更を希望する場合

(5)　業務の能率、勤務態度等により、身体又は精神上の疾患に罹患していることが合理的に疑われる場合

(6)　海外における勤務に従事するために渡航する者であって、医師による診察を受ける必要がある場合

(7)　前各号のほか、会社が業務上必要と認める場合

2　労働者は、前項の規定により医師の診察及び診断を受けた場合には、会社が診察及び診断をした医師に対し、診断結果を照会すること及び会社が診断結果を取得することに同意する。

（医師の意見の尊重）

第67条　会社は、第63条に規定する健康診断、第64条に規定する感染症等検査及び前条に規定する診断の結果、労働時間の変更若しくは短縮、職務内容又は就業場所の変更その他労働条件の変更、又は一定期間の休養を求める医師の意見が示されたときは、医師の意見を尊重の上、

健康保持上適切な措置を講ずる。

（プライバシーの配慮）
<u>第68条</u>　会社は、前５条に基づき取得した労働者の健康状況に関する情報は、労働者の労務管理のために必要な限度においてのみ用いるものとし、厳重に管理する。

（長時間労働者に対する面接指導）
第69条　会社は、労働者の労働時間の状況を把握する。
2　長時間の労働により疲労の蓄積が認められる労働者に対し、その者の申出により医師による面接指導を行う。
3　前項の面接指導の結果必要と認めるときは、一定期間の就業禁止、労働時間の短縮、配置転換その他健康保持上必要な措置を命ずることがある。

（ストレスチェック）
第70条　労働者に対しては、毎年１回、定期に、医師、保健師等による心理的な負担の程度を把握するための検査（ストレスチェック）を行う。
2　前項のストレスチェックの結果、ストレスが高く、面接指導が必要であると医師、保健師等が認めた労働者に対し、その者の申出により医師による面接指導を行う。
3　前項の面接指導の結果必要と認めるときは、就業場所の変更、作業の転換、労働時間の短縮、深夜業の回数の減少等、必要な措置を命ずることがある。

（労働者の心身の状態に関する情報の適正な取扱い）
第71条　事業者は労働者の心身の状態に関する情報を適正に取り扱う。

（安全衛生教育）
第72条　労働者に対し、雇入れの際及び配置換え等により作業内容を変更した場合、その従事する業務に必要な安全及び衛生に関する教育を行う。
2　労働者は、安全衛生教育を受けた事項を遵守しなければならない。

第11章　自家用車両通勤等

（自家用車両の使用）
<u>第73条</u>　労働者は、会社が許可した場合に限り、自宅から会社までの通勤のために自家用車両

を使用することができる。

2　労働者は、通勤のために自家用車両を使用しようとする場合には、所属長に対し、会社所定の許可申請書を提出する方法により申請し、所属長の許可を受けなければならない。

3　前項に規定する許可を受けた労働者は、次の各号に掲げる事項を遵守しなければならない。

(1)　自家用車両の運行にあたっては、道路交通法その他の交通法規を遵守し、交通事故の発生を防止するために最大の注意を払うこと。

(2)　通勤途中において交通事故が発生した場合には、会社に対し、速やかに通報するとともに、会社の指示に従うこと。

(3)　いかなる理由があっても、会社の特別の許可なくして、自家用車両を会社の業務のために使用してはならないこと。

(4)　会社が提供又は指定した駐車場又は駐車場所以外に駐車してはならないこと。

(5)　自家用車両の整備及び点検を常時行うこと。

(6)　許可を受けた労働者以外の労働者の通勤に使用させ、又は同乗させてはならないこと。

(7)　前各号に掲げるもののほか、会社が別途定める細則を遵守すること。

（事故の補償）

第74条　会社は、次の各号に定める事故のいずれかに該当する場合には、一切その責任を負わない。

(1)　自家用車両を使用した通勤途中の事故

(2)　自家用車両を使用して私用外出した場合の事故

(3)　自家用車両の駐車中における破損、盗難又は自然災害による事故

(4)　就業規則又は会社が別途定める細則に違反している間に起こした事故

第12章　職業訓練

（教育訓練）

第75条　会社は、業務に必要な知識、技能を高め、資質の向上を図るため、労働者に対し、必要な教育訓練を行う。

2　労働者は、会社から教育訓練を受講するよう指示された場合には、特段の事由がない限り教育訓練を受けなければならない。

3　前項の指示は、教育訓練開始日の少なくとも＿＿＿週間前までに該当労働者に対し文書で通知する。

第13章　表彰及び制裁

（表彰）
第76条　会社は、労働者が次のいずれかに該当するときは、表彰することがある。

① 業務上有益な発明、考案を行い、会社の業績に貢献したとき。

② 永年にわたって誠実に勤務し、その成績が優秀で他の模範となるとき。

③ 永年にわたり無事故で継続勤務したとき。

④ 社会的功績があり、会社及び労働者の名誉となったとき。

⑤ 前各号に準ずる善行又は功労のあったとき。

2　表彰は、原則として会社の創立記念日に行う。また、賞状のほか賞金を授与する。

（懲戒の種類）
第77条　会社は、労働者が次条のいずれかに該当する場合は、その情状に応じ、次の区分により懲戒を行う。

① けん責

　始末書を提出させて将来を戒める。

② 減給

　始末書を提出させて減給する。ただし、減給は1回の額が平均賃金の1日分の5割を超えることはなく、また、総額が1賃金支払期における賃金総額の1割を超えることはない。

③ 出勤停止

　始末書を提出させるほか、＿＿＿日間を限度として出勤を停止し、その間の賃金は支給しない。

④ 懲戒解雇

　予告期間を設けることなく即時に解雇する。この場合において、所轄の労働基準監督署長の認定を受けたときは、解雇予告手当（平均賃金の30日分）を支給しない。

（懲戒の事由）
第78条　労働者が次のいずれかに該当するときは、情状に応じ、けん責、減給又は出勤停止とする。

① 正当な理由なく無断欠勤が＿＿＿＿＿＿日以上に及ぶとき。

② 正当な理由なくしばしば欠勤、遅刻、早退をしたとき。

③ 過失により会社に損害を与えたとき。

④ 素行不良で社内の秩序及び風紀を乱したとき。

⑤ 第12条、第13条、第14条、第15条、第16条に違反したとき。

⑥　その他この規則に違反し又は前各号に準ずる不都合な行為があったとき。

2　労働者が次のいずれかに該当するときは、懲戒解雇とする。ただし、平素の服務態度その他情状によっては、第56条に定める普通解雇、前条に定める減給又は出勤停止とすることがある。

①　重要な経歴を詐称して雇用されたとき。

②　正当な理由なく無断欠勤が＿＿＿日以上に及び、出勤の督促に応じなかったとき。

③　正当な理由なく無断でしばしば遅刻、早退又は欠勤を繰り返し、＿＿＿回にわたって注意を受けても改めなかったとき。

④　正当な理由なく、しばしば業務上の指示・命令に従わなかったとき。

⑤　故意又は重大な過失により会社に重大な損害を与えたとき。

⑥　会社内において刑法その他刑罰法規の各規定に違反する行為を行い、その犯罪事実が明らかとなったとき（当該行為が軽微な違反である場合を除く。）。

⑦　素行不良で著しく社内の秩序又は風紀を乱したとき。

⑧　数回にわたり懲戒を受けたにもかかわらず、なお、勤務態度等に関し、改善の見込みがないとき。

⑨　第13条、第14条、第15条、第16条に違反し、その情状が悪質と認められるとき。

⑩　許可なく職務以外の目的で会社の施設、物品等を使用したとき。

⑪　職務上の地位を利用して私利を図り、又は取引先等より不当な金品を受け、若しくは求め若しくは供応を受けたとき。

⑫　私生活上の非違行為や会社に対する正当な理由のない誹謗中傷等であって、会社の名誉信用を損ない、業務に重大な悪影響を及ぼす行為をしたとき。

⑬　正当な理由なく会社の業務上重要な秘密を外部に漏洩して会社に損害を与え、又は業務の正常な運営を阻害したとき。

⑭　その他前各号に準ずる不適切な行為があったとき。

第14章　公益通報者保護

（公益通報者の保護）

第79条　会社は、労働者から組織的又は個人的な法令違反行為等に関する相談又は通報があった場合には、別に定めるところにより処理を行う。

第15章　副業・兼業

（兼業・副業）
第80条　労働者は、会社が許可した場合に限り、会社の労働時間外において、副業又は兼業（他の会社の業務に従事し、又は自らが事業主若しくは他の会社の経営者として当該会社の業務を遂行することをいい、主たる収入が会社又は兼業若しくは副業によるものかを問わない。）をすることができる。

2　会社は、労働者から副業又は兼業の許可申請を受けた場合において、労働者の安全衛生、健康管理又は企業秘密の保持、企業の利益侵害回避の観点、企業の信用維持等の観点から、当該労働者に副業又は兼業を許可することが相当でないと認めるときは、これを許可しないことができる。

（届出）
第81条　労働者は、前条第2項に規定する許可申請を行うにあたっては、次の各号に掲げる事項を記載した許可申請書を提出して届け出なければならない。
(1)　兼業先の商号又は名称、所在又は住所及び就業先
(2)　副業の商号又は名称、所在又は住所及び経営場所
(3)　兼業又は副業として従事又は遂行する業務内容
(4)　兼業先又は副業において従事又は遂行することとなる労働時間数

2　会社は、前項に規定する申請書に記載の内容を踏まえ、副業又は兼業を許可するか否かを決定し、労働者に対し、その旨を通知する。

3　労働者は、前条第1項の規定により副業又は兼業の許可が得られた後、第1項各号に掲げる事項に変更があったときは、速やかに、会社に対し、その変更内容を届け出なければならない。

4　会社は、前項に規定する変更内容の届出があった場合において、変更後の内容が前条第2項に規定する各観点から、副業又は兼業を許可することが相当でないと認めるときは、副業又は兼業の許可を取り消すことができる。

5　労働者が会社に採用される前より、すでに副業又は兼業を行っている場合には、当該労働者は、会社に対し、会社への入社を希望する時点において、その旨を申告するとともに、第1項各号に規定する事項を明示するものとする。

6　労働者が前項の規定に違反し、又は前条第2項に規定する各観点から、当該労働者に副業又は兼業を許可することが相当でない状態にあり、かつ、会社がこれを認識することができなかった場合には、会社は、当該労働者の採用を取消し、又は解雇することができる。ただし、当該労働者がすでに行っている副業又は兼業を中止し、又は当該労働者が副業又は兼業を許可することが相当でない事由を解消したものと認める場合には、この限りでない。

（状況確認）

第82条　労働者は、会社の求めがある場合には、副業又は兼業に係る就業日数、実就業時間、健康管理状況、会社の秘密保持状況その他の就業実態（以下「就業実態等」という。）を報告しなければならない。

2　労働者は、会社の求めがある場合には、労働者が報告した就業実態等を裏付ける資料を提供しなければならない。

3　会社は、労働者が前2項の規定に違反したことによって、当該労働者の副業又は兼業の就業実態等を把握することができない場合において、第80条第2項に規定する各観点から副業又は兼業の継続を認めることが相当ないと判断したときは、当該労働者に対する副業又は兼業の許可を取り消すことができる。

（照会）

第83条　会社は、副業又は兼業の許可を受けた労働者の安全衛生又は健康管理のために必要があると認めるときは、副業又は兼業先に対して、当該労働者の就業実態等の照会をすることができる。当該労働者は、これに予め同意し何らの異議を述べない。

（機密保持）

第84条　労働者は、第80条の規定により副業又は兼業の許可を受けた場合においても、会社の顧客情報、会社が有する営業ノウハウその他業務上の機密事項（以下「営業上の秘密情報」という。）、会社が保有する個人情報（会社の保有する保有個人データに限らず、会社が第三者より委託を受けて管理する個人情報を含む。以下同じ）などを兼業先または自己の副業のために使用、開示又は漏えいしてはならない。

第16章　事業場の閉鎖等

（事業場の閉鎖等）

第85条　会社は、感染症の予防及び感染症の患者に対する医療に関する法律（平成10年法律第114号）、新型インフルエンザ等対策特別措置法（平成24年法律第31号）その他の法令又は監督官庁若しくは都道府県知事その他の公的機関の勧告、要請又は指示命令（以下「勧告等」という。）を受けた場合において、労働者の安全衛生の維持及び就業環境の確保のために勧告等に従う必要があると認めるときは、全部又は一部の事業場における営業時間を短縮し、又は閉鎖する措置（以下「短縮等措置」という。）を講ずることがある。

2　前項に規定する短縮等措置において、会社は、短縮等措置に係る事業場に所属する労働者に

対し、休業を命ずることができる。

（就業制限）

第86条　会社は、労働者が次の各号のいずれかに該当する場合には、当該労働者の勤務を禁止又は制限する。

(1)　第64条に規定する感染症等に感染し、又は感染したことを疑うに足りる合理的理由がある場合

(2)　疾病又は精神上の疾患その他の事由により、会社が勤務に従事することに耐えないと判断した場合

(3)　医師の診断により労働に従事することが不適当であると判断された場合

(4)　前3号に準ずる事由により、勤務に従事することが適当でないと認めた場合

（罹災休暇等）

第87条　労働者が次の各号に掲げる事由に該当する場合において、事業場に出勤することができず、又は早退若しくは労働時間中に就業場所からの一時外出を余儀なくされるときは、会社は、当該労働者に対し、当該各号に定める時間又は日数の休暇を付与する。

(1)　感染症法、新型インフルエンザ等対策特別措置法その他これらに類する法令の規定により交通が遮断され、又は事業場における事業活動の実施を継続することが困難な状態となった場合
　　感染症休暇：感染状況が収束したと会社が判断した日まで

(2)　天災地変又はこれに準ずる災害が発生し、又は発生するおそれのある場合
　　罹災休暇：災害が収束したと会社が判断した日まで

(3)　非常災害又は交通機関のストライキ等が生じ、又は生じるおそれがある場合（ただし、通常の交通事故等に伴う交通渋滞等による場合を除く。）
　　交通遮断休暇：交通遮断原因が解消されたと会社が判断した時間まで

（出勤停止・立入制限等）

第88条　労働者が次の各号に掲げるいずれかの事由に該当し、又はいずれかの事由に該当することが合理的に疑われる場合において、他の労働者又は会社の取引先、関連会社等に対する安全衛生の維持及び会社の設備保全等のために必要があると認めるときは、会社は、当該労働者に対し、会社が必要と認める期間、その出勤の停止を命じ、又は会社の事業場その他の施設への入場を禁止し、若しくは退場（以下「出勤停止等」という。）を命ずることができる。

(1)　火気その他労働に必要でない有害物又は危険物を所持しているとき

(2)　違法薬物又はこれに準ずる薬物を所持又は使用しているとき

(3)　風紀秩序を乱し、又は安全衛生上有害と認められるとき

⑷　業務を妨害し、又は会社及びその関係者の安全及び秩序を乱すとき

⑸　感染症等に感染し、又はそのおそれがあると認めるとき

⑹　合理的な理由なく会社が定める安全対策措置・感染防止策等の実施に従わないとき

⑺　酒気を帯びているとき

⑻　その他前各号に準ずる事由があるとき

2　前項の出勤停止等は、労働者の責に帰すべき不就労とみなす。

（在宅勤務等）

第89条　会社は、前4条に規定する場合において、労働者が所属する事業場における労働が困難であり、又は事業場における労働を回避することが相当であると認めるときは、当該事由が解消するまでの間、当該事業場に所属する労働者に対し、次の各号に定める暫定的措置（以下「在宅勤務等措置」という。）を命ずることができる。

⑴　他の事業場への一時的な移動

⑵　会社が指定する事業場外の場所における勤務

⑶　労働者の自宅又はこれに準ずる場所における勤務

⑷　都道府県が指定する宿泊施設（感染症法第44条の3第2項に規定する宿泊施設をいう。）における勤務

2　前項に規定する在宅勤務等措置を命じた場合における労働時間の管理その他の事項は、会社が別途指示する方法により実施する。

3　会社は、在宅勤務等措置を命じたことに伴い、必要があると認めるときは、労働時間の一時的な変更又は短縮を命じることができる。この場合、労働時間の一時的な変更又は短縮が会社の責めに帰することができない事由に基づく場合には、休業補償を行わない。

4　第1項に基づく在宅勤務等措置の実施する期間及び終了に関しては、第32条第6項の規定を準用する。

（休業補償）

第90条　会社側の責に帰する事由によって労働者が労働することができなかった場合は、民法第536条第2項によらず、労働基準法第26条に従って休業補償を行う。

（事業所閉鎖等に伴う補償）

第91条　事業所の閉鎖、営業時間の短縮等が、外的要因に起因し会社の自力では防止することができない事由に基づくときであって、代替就業を確保することができない場合における休業については、会社は、休業に伴う補償は行わない。ただし、会社は、可能な限り、労働者の生活維持のために必要となる措置を講ずることに努めるものとする。

2　第88条第1項⑸に該当することを理由として会社が出勤停止等を命じた場合（第89条規定

に基づく在宅勤務等措置を命じた場合を除く）において、第64条の規定による検査（または
これに準ずる検査）の結果、出勤停止等を命ずる事由がなかったことが明らかになった労働者
に対しては、会社が命じた出勤停止等の期間について前条の休業補償を行う。

附　則

（施行期日）
第1条　この規則は、＿＿＿＿年＿＿＿＿月＿＿＿＿日から施行する。

テレワークモデル就業規則

●就業規則について

　本書掲載のテレワークモデル就業規則は、厚生労働省ホームページに掲載されているパンフレット「テレワークモデル就業規則～作成の手引き～」の「モデル「テレワーク就業規則」（在宅勤務規程）」をベースに、新型コロナウイルスに関連する規則を変更・追記したものとなっています。元の就業規則から修正・追加した条項につきましては、赤で下線を引いておりますので、ご参照いただけましたら幸いです。

●ダウンロード版について

　本書掲載のテレワークモデル就業規則は、143頁のコード及びURL先から併せてダウンロードできます。両モデルを是非、ご活用ください。

<u>※ご使用に当たっての注意点</u>

　本書掲載の就業規則につきまして、書籍購入者の理解を深めるため、また皆様のお役に立てればと思い作成しておりますが、皆様の責任のもとでご活用いただくようお願い申し上げます。

　実際の就業規則としての活用・改正にあたっては、皆様の企業の業態・規模・労務管理体制などの諸事情に合わせて適切な内容にする必要がありますので、ダウンロードした規則をそのまま転用することは適切な就業規則にならないことをご留意ください。

　また、本就業規則をご利用になることで生じた、いかなる損害に対しても、筆者及び株式会社労働調査会が補償することはございません。あらかじめご了承ください。

第1章　総則

（在宅勤務制度の目的）

第1条　この規程（以下「本規程」という。）は、○○株式会社（以下「会社」という。）の就業規則第9条に基づき、従業員が在宅で勤務する場合の必要な事項について定めたものである。

（定義）

第2条　本規程において、次の各号に定める用語の定義は、当該各号に定めるところによる。

(1)　在宅勤務とは、従業員の自宅その他自宅に準じる場所（会社指定の場所に限る。）において情報通信機器を利用した業務をいう。

(2)　サテライトオフィス勤務とは、会社所有の所属事業場以外の会社専用施設（以下「専用型オフィス」という。）、又は、会社が契約（指定）している他会社所有の共用施設（以下「共用型オフィス」という。）において情報通信機器を利用した業務をいう。

(3)　モバイル勤務とは、在宅勤務及びサテライトオフィス勤務以外で、かつ、社外で情報通信機器を利用した業務をいう。

第2章　在宅勤務の許可・利用

（テレワーク勤務の実施）

第3条　従業員は、会社が業務上の必要性に基づいてテレワーク勤務を命じ、又は会社の許可を受けることにより、テレワーク勤務に従事するものとする。

（テレワーク勤務の対象者）

第4条　就業規則第9条に規定するテレワーク勤務の対象者は、次の各号に定めるテレワーク勤務の態様ごとに、当該各号に定める職種及び範囲の従業員とする。

(1)　在宅勤務

　　職種：経営企画部及び営業部を除くすべての部課

　　範囲：総合職、基幹職、特定職、一般職又は嘱託の従業員

(2)　サテライトオフィス勤務

　　職種：経営企画部、総務部総務グループ及び総務部秘書課を除くすべての部課

　　範囲：総合職、基幹職、特定職、一般職又は嘱託の従業員

(3)　モバイル勤務

職種：営業部

範囲：総合職

2　前項の規定にかかわらず、会社が特に認めた従業員については、テレワーク勤務を命じることができる。

(命令)

第5条　会社は、前条各号の規定に該当する従業員に対し、テレワーク勤務を命ずることができる。

2　会社は、テレワーク勤務を命じようとするときは、あらかじめテレワーク勤務を命ずる対象となる従業員と面談協議を行い、当該従業員のテレワーク勤務の希望及び希望するテレワーク勤務の種類、従業員の自宅又はこれに準ずる場所における就業環境の有無及び適否などを確認した上、当該従業員のテレワーク勤務の実施が適切であると判断した場合にテレワーク勤務を命ずるものとする。

(許可申請)

第6条　第4条各号に規定するテレワーク勤務の対象に該当する従業員がテレワーク勤務を希望する場合には、会社に対し、所定の許可申請書に必要事項を記入の上、テレワーク勤務の許可申請を行うことができる。なお、許可申請は、テレワーク勤務を希望する従業員の所属事業場の所属長に許可申請書を提出することにより行う。

2　会社は、前項に規定する許可申請があった場合には、許可申請書に記載の申請内容に基づき、当該従業員のテレワーク勤務の必要性、就業場所における通信環境、情報セキュリティ環境、当該従業員に対する労働時間管理の可否、当該従業員の担当業務に関するテレワーク勤務の可否及びその必要性その他会社の業務状況などを勘案し、テレワーク勤務の許可を与えることができる。

3　テレワーク勤務の実施期間は、会社が指定する期間とする。ただし、会社は、業務上の必要性がある場合には、会社が指定した実施期間を短縮又は延長を指示することができ、従業員は、これに従うものとする。

(所属事業場)

第7条　テレワーク勤務に従事する従業員（以下「テレワーク勤務者」という。）は、会社の命令により、又は会社の許可を受けてテレワーク勤務に従事する場合であっても、その所属する部署及び事業場に変更はないものとし、会社は、当該事業場における勤務に代替する措置としてテレワーク勤務を命じ、又はテレワーク勤務を許可するものとする。

（就業場所・在宅勤務）

第8条　就業規則第9条第1項第1号及び本規程第2条第1号に規定する自宅に準ずる場所とは、次の各号のいずれかに該当する場所であって、会社が許可した場所とする。

(1)　従業員が所有又は賃借している自宅以外の建物内（ただし、従業員及びその家族以外の者が自由に立ち入ることができる場所を除く。）

(2)　従業員が所有又は使用している自家用自動車内（ただし、自宅等の敷地内又は当該従業員が賃借している駐車場内において停車させた状態に限る。）

(3)　従業員の親族が所有又は賃借している建物内であって、従業員が単独で使用することのできる居室内

2　前項各号の規定にかかわらず、会社は、従業員が在宅勤務に従事するにあたり、特に必要があると認めるときは、次の各号に掲げる場所における在宅勤務に従事することを許可することがある。この場合、当該従業員は、所属長に対し、その都度、在宅勤務に従事する予定の就業場所及び当該就業場所における予定労働時間を申請し、所属長の承認を受ける。

(1)　従業員が単独で使用することのできる専用貸室

(2)　コワーキング対応の専用ラウンジ等（ただし、喫茶店、飲食店などの開放空間を除く。）

(3)　従業員が利用登録して使用する貸会議室、コワーキングスペース（ただし、アミューズメントワーケーション等の開放された空間を除く。）

（就業場所・サテライトオフィス）

第9条　就業規則第9条第1項第2号及び本規程第2条第2号に定める会社が指定する場所は、別表記載の場所とする。

（別表省略）

（就業場所・モバイル勤務）

第10条　就業規則第9条第1項第3号及び本規程第2条第3号に定めるモバイル勤務は、従業員が取引先等と会社の事業場の移動に要する時間の節約及び業務の効率化のために臨時に使用する場合に限り、必要最小限度の時間の範囲内で認めるものとする。

（テレワーク勤務時の服務規律）

第11条　「在宅テレワーク勤務者」は、就業規則第12条及びセキュリティガイドラインに定めるもののほか、次に定める事項を遵守しなければならない。

(1)　テレワーク勤務の際に所定の手続に従って持ち出した会社の情報及び作成した成果物を第三者が閲覧、コピー等しないよう最大の注意を払うこと。

(2)　テレワーク勤務中は業務に専念すること。

(3)　第1号に定める情報及び成果物は紛失、毀損しないように丁寧に取扱い、セキュリティガ

イドラインに準じた確実な方法で保管・管理しなければならないこと。

(4) 在宅勤務中は自宅以外の場所で業務を行ってはならないこと。

(5) モバイル勤務者は、会社が指定する場所以外の場所において、パソコンを作動させたり、重要書類を閲覧してはならないこと。

(6) モバイル勤務者は、公衆無線LANスポット等漏えいリスクの高いネットワークへの接続をしてはならないこと。

(7) テレワーク勤務の実施に当たっては、会社情報の取扱いに関し、セキュリティガイドライン及び関連規程類を遵守すること。

第3章　在宅勤務時の労働時間等

（テレワーク勤務時の労働時間）
第12条　テレワーク勤務時の労働時間については、就業規則第20条第○項の定めるところによる。

2　前項にかかわらず、会社の承認を受けて始業時刻、終業時刻及び休憩時間の変更をすることができる。

3　前項の規定により所定労働時間が短くなる者の給与については、育児・介護休業規程第○条に規定する勤務短縮措置時の給与の取扱いに準じる。

（休憩時間）
第13条　テレワーク勤務者の休憩時間については、就業規則第20条第○項の定めるところによる。

（所定休日）
第14条　テレワーク勤務者の休日については、就業規則第21条の定めるところによる。

（時間外及び休日労働等）
第15条　テレワーク勤務者が時間外労働、休日労働及び深夜労働をする場合は所定の手続を経て所属長の許可を受けなければならない。

2　時間外及び休日労働について必要な事項は就業規則第22条の定めるところによる。

3　時間外、休日及び深夜の労働については、給与規程に基づき、時間外勤務手当、休日勤務手当及び深夜勤務手当を支給する。

（欠勤等）
第16条　テレワーク勤務者が、欠勤をし、又は勤務時間中に私用のために勤務を一部中断する

場合は、事前に申し出て許可を得なくてはならない。ただし、やむを得ない事情で事前に申し出ることができなかった場合は、事後速やかに届け出なければならない。

2　前項の欠勤、私用外出の賃金については給与規程第○条の定めるところによる。

第4章　テレワーク勤務時の勤務等

（始業・終業等確認）

第17条　テレワーク勤務者は、次のとおり出退勤の確認を行うものとする。

　(1)　出勤及び勤務の開始

　　就業規則第20条第○項に基づいて指定された所定始業時刻に、会社の定める手続きに従って情報通信機器を用いて会社のサーバーにログインする。

　(2)　退勤及び勤務の終了

　　就業規則第20条第○項に基づいて指定された所定終業時刻に、会社の定める手続きに従って情報通信機器を用いて、会社のサーバーからログオフする。

　(3)　休憩時間

　　就業規則第20条に定められた休憩時間に関しては、休憩時間の開始時に会社の定める手続きに従って情報通信機器を休憩モードに切り替え、会社のサーバーへの接続を一時停止し、休憩時間の終了時に休憩モードから勤務モードへ切り替えて、会社のサーバーへの接続を再開する。

2　会社は、テレワーク勤務者の所属長をして、テレワーク勤務者の労働時間中にメール、メッセージ、電話その他の方法により、適宜テレワーク勤務者の勤務状況を確認させることがある。この場合、テレワーク勤務者は、直ちにこれに応じなければならない。

3　前項の規定により所属長テレワーク勤務者の勤務状況を確認した場合において、テレワーク勤務者からの応答がなかった場合には、その時点から応答があるまでの間の時間を不就労時間として取扱う。ただし、テレワーク勤務者が直ちに応答することができなかったことについて合理的な理由がある場合には、この限りではない。

（通信状態の確保）

第18条　テレワーク勤務者は、その労働時間中、常に会社、顧客取引先その他の関係者からの連絡に対応することができるよう、常時、電話、携帯電話、パソコン、タブレット端末等を、通話又は通信可能な状態にしておかなければならない。

2　テレワーク勤務者は、電話中又はWEB会議中など、会社、顧客取引先その他の関係者からの連絡に即時応答することができない状況にあるときは、会社の指定するアプリケーションを

使用してその旨を明らかにするよう努める。会社の指定するアプリケーションを使用してその旨を明らかにすることができない場合には、電話又はWEB会議の終了後、直ちに連絡をとり、即時応答することができなかった理由を説明する。

（通信等の禁止）

第19条 テレワーク勤務者は、労働時間外（有給休暇取得日、欠勤日、休日を含む。以下、本項において同じ。）においては、次の各号に掲げる行為をしてはならない。ただし、第15条に規定する会社所定の手続により、事前に所属長の許可を受けた場合には、この限りでない。

(1) パソコン、タブレット端末等の情報通信機器を用いて、会社のサーバーへ接続する行為

(2) 業務用電子メールの送受信又はメッセージサービスを使用する行為

2 テレワーク勤務者は、会社より貸与を受けた情報通信機器等を使用する場合には、その労働時間外においては、情報通信機器等の電源を必ず切らなければならない。

（私用メールの使用禁止等）

第20条 テレワーク勤務者は、業務上の連絡又は報告を行うにあたり、私用の電子メールアドレス、チャットツール、メッセンジャーその他の通信用アプリケーションを使用してはならず、会社が提供又は貸与した電子メールアドレス、チャットツール、メッセンジャーアプリケーション（以下「業務用通信アプリケーション等」という。）のみを使用しなければならない。

（業務用通信アプリケーション等の使用）

第21条 テレワーク勤務者は、会社が提供又は貸与した業務用通信アプリケーション等の使用にあたっては、次の各号に掲げる方法を遵守する。

(1) 電子メールアドレス

① テレワーク勤務者が、顧客又は取引先の担当者その他の第三者に対して電子メールを送信する場合には、CC又はBCCに所属長及びテレワーク勤務者の担当業務を共同で担当する従業員を加えること。

② 顧客又は取引先の担当者その他の第三者から受信したメールに対して返信する際には、受信したメールの内容を必ず引用した状態でのスレッド返信とすること。

(2) チャットツール

グループチャット機能のみを用いるものとし、所属長及びテレワーク勤務者の担当業務を共同で担当する従業員を当該グループに加えること。

(3) メッセンジャーアプリ

原則として使用しないこと。ただし、業務上の事由その他やむを得ない場合には、メッセンジャーアプリを使用することができる。この場合であっても、メッセンジャーアプリを使用してやりとりする内容は、事務的、定型的な伝達事項等にとどめること。

2　テレワーク勤務者は、業務用通信アプリケーション等の通信履歴及び通信内容について、所属長の許可なく削除してはならない。

3　会社は、業務用通信アプリケーション等が適切に業務使用されているか否かを確認するために必要があると認めるときは、業務用通信アプリケーション等の通信ログ及び通信内容を確認することがある。この場合、テレワーク勤務者は、会社が通信ログ及び通信内容を確認することを拒んではならない。

（ログインID及びパスワードの管理）

第22条　テレワーク勤務者は、情報通信機器等のログインID及びパスワードを厳重に管理しなければならない。

（アカウント停止）

第23条　会社は、テレワーク勤務者が業務上使用するパソコン又はタブレット端末等を用いて会社のデータ又は情報を不正に使用し、外部に開示し、若しくは漏えい（以下「不正使用等」という。）し、又はこれらのおそれがあると認めるときは、直ちに、当該テレワーク勤務者による会社のデータ又は情報の使用等の停止その他必要な措置を講じさせ、又は当該テレワーク勤務者に提供したアカウントを停止させるとともに、当該パソコン又はタブレット端末等を返却させるものとする。

（情報通信機器等の盗難等の防止）

第24条　テレワーク勤務者は、会社のサーバー、データ又は情報へアクセスすることができるパソコン又はタブレット端末等を管理又は保管するにあたっては、セキュリティワイヤー等により固定するなど、盗難又は紛失の防止のために必要な措置を講じなければならない。

（業務報告）

第25条　テレワーク勤務者は、定期的又は必要に応じて、電話又は電子メール等で所属長に対し、所要の業務報告をしなくてはならない。

（テレワーク勤務時の連絡体制）

第26条　テレワーク勤務時における連絡体制は次のとおりとする。

⑴　事故・トラブル発生時には所属長に連絡すること。なお、所属長が不在時の場合は所属長が指名した代理の者に連絡すること。

⑵　前号の所属長又は代理の者に連絡がとれない場合は、○○課担当まで連絡すること。

⑶　社内における従業員への緊急連絡事項が生じた場合、在宅勤務者へは所属長が連絡をすること。なお、在宅勤務者は不測の事態が生じた場合に確実に連絡がとれる方法をあらかじめ

所属長に連絡しておくこと。

⑷　情報通信機器に不具合が生じ、緊急を要する場合は○○課へ連絡をとり指示を受けること。なお、○○課へ連絡する暇がないときは会社と契約しているサポート会社へ連絡すること。いずれの場合においても事後速やかに所属長に報告すること。

⑸　前各号以外の緊急連絡の必要が生じた場合は、前各号に準じて判断し対応すること。

2　社内報、部署内回覧物であらかじめランク付けされた重要度に応じ至急でないものは在宅勤務者の個人メール箱に入れ、重要と思われるものは電子メール等で在宅勤務者へ連絡すること。なお、情報連絡の担当者はあらかじめ部署内で決めておくこと。

（テレワーク勤務の就業環境整備）

第27条　テレワーク勤務者は、テレワーク勤務に適した就業環境を整備した上で、テレワーク勤務に従事する。

2　前項に規定する就業環境の整備にあたっては、別途会社が指定する就業環境整備の指針（事務所衛生基準規則、情報通信機器作業における労働衛生管理のためのガイドライン等に準拠するもの。）に従う。

（出社命令）

第28条　会社は、業務上その他の事由により、テレワーク勤務者を出勤させる必要が生じた場合、テレワーク勤務者に対し、その所属事業場への出社を命じることがある。

第5章　テレワーク勤務時の給与等

（給与）

第29条　テレワーク勤務者の給与については、就業規則第33条の定めるところによる。

2　前項の規定にかかわらず、在宅勤務（在宅勤務を終日行った場合に限る。）が週に4日以上の場合の通勤手当については、就業規則第36条第2項の定めるところによる。

（情報通信機器・ソフトウェア等の貸与）

第30条　会社は、テレワーク勤務者から申請があった場合において、テレワーク勤務者の自宅等の設備環境を確認の上、テレワーク勤務に従事するために必要があると判断したときは、次の各号に掲げる情報通信機器又はソフトウェア等（以下「情報通信機器等」という。）を無償で貸与する。

⑴　ノートパソコンまたはタブレット端末

(2) 室内用モバイル Wi-Fi ルーター

(3) サーバー接続認証用 USB メモリ

(4) 勤怠管理用アプリケーション（ソフトウェア）

(5) 業務作業用アプリケーション（ソフトウェア）

(6) セキュリティ用アプリケーション（ソフトウェア）

(7) 通話用ヘッドセット

(8) その他会社が定める情報通信機器又はソフトウェア

2　テレワーク勤務者は、会社より貸与を受けた情報通信機器等を、会社の業務の遂行のために のみ用いるものとし、テレワーク勤務に従事する場所として会社が認めた場所以外への持ち出 し、第三者（テレワーク勤務者の同居家族なども含む。本条において以下同じ。）への貸与又 は私的使用をしてはならない。

3　テレワーク勤務者は、細心の注意を払って、会社より貸与を受けた情報通信機器等を使用又 は保管するものとし、紛失防止のために必要な管理を行うとともに、滅失又は毀損させないよ うに厳重に注意して使用するものとする。

4　テレワーク勤務者は、会社が貸与したノートパソコン、タブレット端末に会社が事前に許可 したソフトウェア以外のソフトウェアをインストールしてはならない。

（費用の負担）

第31条　会社が貸与する情報通信機器等を利用する場合の通信費は会社負担とする。

2　在宅勤務に伴って発生する水道光熱費は在宅勤務者の負担とする。

3　業務に必要な郵送費、事務用品費、消耗品費その他会社が認めた費用は会社負担とする。

4　その他の費用については在宅勤務者の負担とする。

（就業環境構築費用）

第32条　会社は、第30条に定める情報通信機器等の無償貸与のほか、テレワーク勤務者がテレ ワーク勤務の就業環境を整備するにあたり、設備又は物品を調達する必要があると特に認める 場合には、就業規則第41条に基づく設備・通信等手当の支給の他に、設備又は物品を購入す るために必要と認める費用の全部又は一部を負担し、又は必要と認める設備又は物品を調達し た上で、テレワーク勤務者に対して貸与する。

（社内教育）

第33条　会社は、テレワーク勤務者に対して、定期又は必要に応じて随時、情報セキュリティ 対策に関する知識習得及び実践力取得のための教育訓練を行うものとし、テレワーク勤務者 は、業務上の事由その他正当な事由がない限り、受講しなければならない。

2　テレワーク勤務者は、前項に規定する教育訓練を受講するほか、自ら情報セキュリティ対策

に関する知識及び実践力の向上に努めなければならない。

3　会社は、第1項の情報セキュリティ教育の他に、テレワーク勤務者が適切なテレワーク勤務を実施できるために必要となる施策を講じ、必要となる教育訓練を実施する。

（災害補償）

第34条　会社はテレワーク勤務者の自宅での業務中の災害発生においては、適切な補償を実施する。

（安全衛生）

第35条　会社は、テレワーク勤務者の安全衛生の確保及び改善を図るため必要な措置を講ずる。

2　テレワーク勤務者は、安全衛生に関する法令等を守り、会社と協力して労働災害の防止に努めなければならない。

附　則

本規程は、＿＿＿＿年＿＿＿＿月＿＿＿＿日より施行する。

久保内　統（くぼうち・すぶる）

1996（平成8）年慶応義塾大学法学部法律学科卒業後、2000（平成12）年弁護士登録（東京弁護士会）。以降は東京弁護士会常議員・日本弁護士連合会代議員や日本弁護士連合会常務理事を務めた後、2013（平成28）にあかねくさ法律事務所（旧名：中島・彦坂・久保内法律事務所）を設立。同事務所の共同経営者兼パートナー弁護士として活躍するほか、労務・不動産関係での執筆や講演も多数行っている。主な著書には『利益を守る契約作成の実行手順』（中経出版）、『あなたも裁判員』（日本評論社）、『弁護士との付き合い方教えます』（株式会社ウエッジ）などがある。

淺尾　弘一（あさお・こういち）

2009（平成21）年創価大学法科大学院法務研究科法務専攻修了後、2013（平成25）年司法試験合格。2015（平成27）年に大成建設株式会社に入社、弁護士登録（東京弁護士会）後は同社の法務部で2019（令和元）年まで務めた。同年あかねくさ法律事務所に入所。これまで『新債権法に基づく建設工事請負契約約款作成の実務』（日本法令）の執筆者及び編集責任者として関与したほか、東京弁護士会住宅紛争審査会運営委員会委員としても活躍している。

ウィズコロナ時代の就業規則のつくり方マニュアル

令和3年11月26日　初版発行

著　　者　久保内 統
　　　　　淺尾 弘一
編集企画　株式会社 企業通信社
　　　　　〒170-0004 東京都豊島区北大塚2-9-7 互栄大塚ビル
　　　　　TEL　03-3917-1135
　　　　　FAX　03-3917-1137
発 行 人　藤澤 直明
発 行 所　株式会社 労働調査会
　　　　　〒170-0004 東京都豊島区北大塚2-4-5 調査会ビル
　　　　　TEL　03-3915-6401　（代表）
　　　　　FAX　03-3918-8618
　　　　　http://www.chosakai.co.jp/

ISBN978-4-86319-886-9 C2032